Nolan se repose enfin

Priscilla Moittié
avec Caroline Andrieu

Nolan se repose enfin

témoignage

Flammarion

ISBN : 978-2-0802-0682-4

À Nolan
À Sullyvan et Louanne

Préface

par Maître Florence Rault

Soutenir, comprendre, aider, tout en restant à sa place : dans une certaine mesure, le rôle d'un avocat est le même que celui d'un soignant. On accueille le client – le patient –, on l'écoute avec empathie, on cherche une solution à son problème. Et puis, le soir venu, on ferme le dossier, on reprend sa vie, on s'occupe de soi-même et de ses proches ; on essaie, jusqu'au lendemain au moins, d'oublier le travail et ceux qui vous en donnent. Les clients, les patients… Dans les affaires de justice, les clients n'ont pas d'autre choix que d'être aussi patients…

La première fois que j'ai rencontré Priscilla Moittié et son mari Mickaël, ils s'étaient déplacés jusqu'à Paris où j'ai mon cabinet. Je leur avais donné rendez-vous près du Palais de Justice, sur l'île de la Cité ; ils avaient tenu à venir jusqu'à moi, par correction mais peut-être aussi afin de s'extraire, même pour quelques heures seulement, du cauchemar quotidien qu'était devenue leur vie depuis que Nolan était tombé malade trois semaines plus tôt. Soutenir, comprendre, aider… En tant qu'avocate, lorsqu'on se retrouve face à une situation aussi dramatique, cela va de soi. Rester à sa place est nettement plus ardu.

Priscilla s'est avancée vers moi comme elle était alors : une toute jeune femme – elle avait 25 ans –, presque effacée, pudique. N'ayant encore rien vécu d'extraordinaire, naturellement gentille, elle était démunie face aux manœuvres que mettait déjà en œuvre l'entreprise responsable de l'intoxication de son fils afin d'échapper à ses responsabilités. Elle n'avait pour se battre qu'une seule arme, mais quelle arme : l'amour qu'elle vouait à son fils. J'ai été touchée par la vaillance de cette femme terriblement blessée ; émue par l'idée noble qu'elle se faisait du rôle de parent ; bouleversée par sa capacité à s'oublier elle-même au profit de son enfant.

Cette première rencontre a eu lieu il y a plus de dix ans. Une décennie et plus, déjà, au cours de laquelle j'ai vu Priscilla évoluer pour le meilleur, seulement pour le meilleur. De son ignorance en matière de santé comme en matière de droit, elle a tiré la force de s'imposer, de demander des explications, d'affirmer son point de vue. Au fil du temps, tout au long des huit années qu'a duré la vie de Nolan handicapé, elle a fait preuve d'un don de soi hors normes, qui ne se commande pas et que personne ne peut acheter. Elle est allée puiser là où on ne peut pas savoir. Et son fils en a fait autant.

J'ai vu Nolan évoluer et j'ai vu grandir la relation entre l'enfant et sa mère : leur attachement viscéral, associé à la souffrance, les a amenés à fusionner, y compris physiquement. Priscilla a été les jambes, les bras de Nolan, elle a été sa voix pour dire qu'il avait mal, elle a vécu leurs deux vies à la fois. Revendiquant pour son fils le droit d'être heureux, elle a tout fait pour qu'il le soit. Dans son grand malheur, Nolan a été heureux grâce à sa mère.

Je me souviens qu'avant son neuvième anniversaire, elle a entièrement refait le décor de sa chambre : fini les petits singes dans la jungle, place à la guitare sur le mur, place au rock ! Fini les tenues trop enfantines, place aux jeans, aux sweats d'adolescent, jusqu'au soupçon de gel pour relever les cheveux. Des membres de sa famille lui ont reproché de jeter l'argent par les fenêtres, arguant que Nolan était insensible à tout ça. Ils n'en savaient rien... Et d'ailleurs, ils se trompaient !

Ils auraient pu rester à leur place, tout simplement. Soutenir Priscilla, debout, ardente, combative, et se contenter de l'écouter quand elle craquait. Mickaël Moittié a su le faire. Il a pris sa place de père et d'époux ; son silence ne relève ni de l'absence ni d'un fatalisme désespéré. Peu d'hommes, dans une situation aussi difficile, seraient restés. Mais il est là, fiable, attentif, capable d'encaisser et toujours prêt à rattraper Priscilla si nécessaire. Il a la noblesse de se ranger derrière sa femme alors qu'il est tellement important pour elle d'obtenir la vérité pour leur enfant.

La procédure n'est toujours pas achevée. Le temps passe et dilue l'efficacité de la justice. Je ne lâche pas l'affaire. Priscilla, son époux et Nolan méritent une avocate aussi pugnace qu'eux pour les accompagner jusqu'au bout. Alors je reste à ma place : auprès d'eux.

1

On n'avait qu'à pousser toutes seules…

Est-ce qu'il était heureux ? Nolan souriait souvent et même, parfois, il riait. Par exemple quand je dansais devant lui : je mettais la musique, assez fort, et je dansais en rythme, en me dandinant, en levant les bras et en tournant sur moi-même au milieu du salon. Je fermais un peu les yeux, je dansais comme on danse quand on est libre et qu'on veut tout oublier. Ou quand on veut plaire. Je voulais lui plaire, à mon petit garçon. L'amuser. Lui donner de la joie de vivre, même si je n'en avais pas toujours tant que ça, au fond. Et ça marchait. Nolan, dans son fauteuil, incapable de se lever ou de bouger, me regardait danser et oui, il riait. Il riait à sa façon à lui, en poussant des cris qui venaient de loin, du fond de sa gorge. Mais c'étaient ses yeux qui riaient le plus. Ses petites billes noires un peu perdues dans son joli visage tout rond, elles riaient.

Je parle de cris. Les cris des rires, que je savais reconnaître et qui ne ressemblaient pas à d'autres cris qu'il poussait pour d'autres raisons, dans d'autres circonstances, sous le coup d'autres émotions. Nolan en avait tout un répertoire. Il en avait pour rire et il en avait pour se plaindre, pour exprimer sa colère, pour réclamer et même pour exiger des choses. Quand il éprouvait juste du plaisir, il ne faisait pas beaucoup de bruit, mais le bas de son visage se tordait d'une façon particulière : il souriait. Et quand il avait une grande satisfaction, il poussait un petit cri aigu qui me donnait, à moi aussi, beaucoup de rose dans le cœur. Un long *iii*, juste cette lettre, et c'était comme s'il me disait « merci ».

D'une manière générale, tant que je restais dans la même pièce que lui, tant qu'il pouvait me suivre des yeux, tant qu'il était sûr que j'allais accourir au moindre de ses cris, tout allait bien, il restait calme, comme si rien ne pouvait l'atteindre, comme s'il n'était conscient de rien. Est-ce qu'il était heureux ? Je peux seulement dire que j'ai tout fait pour qu'il le soit, autant qu'on peut l'être dans son état. Et que, finalement, je ne saurai jamais s'il l'était un peu, franchement ou pas du tout. À moi de vivre avec ça.

Quand il avait mal, quand il souffrait d'un organe malade ou même seulement d'une position inconfortable, Nolan poussait des cris très particuliers. Des cris qui n'appartenaient qu'à lui. Des cris doux. Il gémissait, ça doit être le mot. Il gémissait plutôt faiblement, ou bien il pleurait, mais il composait avec la douleur, sans raisonner, d'instinct : il l'acceptait comme une partie de lui, une chose contre laquelle il ne pouvait rien, comme s'il était né avec. Pendant presque deux ans, pourtant, il n'avait eu mal nulle part. Il avait eu des rhumes, des otites, un peu de fièvre, ses gencives étaient irritées quand ses dents poussaient et il avait eu mal à la tête aussi, sûrement, parfois, comme tous les bébés, mais rien de plus que les autres. Rien que des bobos qui disparaissent avec un Doliprane, un bon câlin et un peu de calme.

*
* *

Je me souviens de l'hôpital à Beauvais, quand il parlait encore. L'infirmière m'avait expliqué que je pouvais appuyer sur un petit bouton pour la faire venir si nous avions besoin d'elle. Elle verrait une lumière s'allumer dans une salle quelque part et, dès qu'elle serait disponible, elle viendrait voir de quoi on avait besoin. Je me rappelle parfaitement les tout derniers mots que Nolan a prononcés, le mardi 14 juin 2011, vers 4 heures du matin, en désignant le bouton au bout du câble : « Maman, appelle. » L'infirmière est arrivée, je suis sortie dans le couloir aussitôt. Ce n'était déjà plus tenable. Je voulais pouvoir pleurer sans que Nolan me voie. Je n'ai plus jamais entendu le son de sa voix après ça.

Cela faisait déjà cinq jours qu'il vivait un enfer. Avant qu'il ait mal au ventre, c'était un petit bonhomme en pleine forme, pas très grand, pas très lourd, du genre plutôt menu, mais un enfant très tonique, adroit, et déjà capable, à même pas 2 ans, de dire beaucoup de choses, de se faire comprendre sans problème et même de plaisanter. On m'a dit que son développement intellectuel s'était arrêté au moment du coma avec le handicap, mais des années après, à sa façon, il a continué de faire des blagues. Moi je crois qu'il a continué de grandir un peu quand même, dans sa tête. Il n'a plus jamais parlé, tapé dans un ballon, dansé avec moi en tournant sur lui-même dans le salon, il n'a jamais appris à lire, à dessiner, mais il est devenu plus que mon bébé. Il est devenu un garçon. Mon fils.

Et moi, je suis devenue sa mère. La mère d'un garçon handicapé condamné à ne jamais grandir, qui resterait dépendant des autres, donc de moi. Un petit garçon qui ne serait jamais un homme. Un enfant à vie.

*
* *

Je n'ai pas honte de mes origines et de mon histoire parce que je n'en suis pas responsable. Je n'en suis pas fière non plus, et je ne veux faire pleurer personne sur mon sort, mais c'est vrai que lorsque Nolan est né, je ne savais pas très bien ce que c'était, une mère. Avec mon bébé dans les bras, mon bébé bien portant, bien joli, minuscule et tellement solide à la fois, j'étais heureuse, mais je n'arrêtais pas de pleurer. À cause des hormones, peut-être : pendant des mois j'ai pleuré nuit et jour. Aujourd'hui je me dis que je pleurais plutôt parce que j'avais peur de ne pas être une bonne mère, faute de modèle, même si je faisais tous les gestes appropriés d'instinct, et même si j'aimais follement mon bébé. Quand je le prenais contre moi, je lui disais : « Viens voir maman. » Je lui disais qui j'étais, je prenais ma place dans sa vie. Je l'avais porté, je l'avais mis au monde, et maintenant j'allais l'aimer et l'élever en l'aimant. C'était simple. Je me sentais fière d'être maman.

La mienne était assez particulière. Hélène. « La mère. » À partir de mon adolescence, je ne me souviens pas de l'avoir souvent appelée maman. Ni par son prénom, d'ailleurs. Je m'adressais peu à elle. Nous sommes devenues comme deux étrangères, ce dont elle ne se rendait pas compte, parce que je n'étais qu'un de ses enfants parmi les autres.

Lorsque j'avais 12 ans, j'ai appris qu'elle avait eu une première fille avant d'en avoir deux autres de deux pères différents, puis cinq filles encore avec mon père, dont moi au milieu. Elle a confié la première, dont elle a accouché à l'âge de 15 ans seulement, aux services sociaux, elle l'a abandonnée légalement, sans doute parce qu'elle était trop jeune pour s'en occuper. Sans doute parce qu'elle n'envisageait pas de la récupérer un jour. Virginie n'a pourtant été adoptée qu'à l'âge de 8 ans. Avant ça, la pauvre, elle a été trimballée dans différents foyers, plusieurs familles d'accueil... Je sais que ça n'a pas été tous les jours facile, ces premières années, avant de trouver enfin de l'affection et une certaine stabilité. La fille suivante, Véronique, ma mère l'a eue avec le patron du café dans lequel elle travaillait, mais c'est le père de la troisième, Nathalie, qui l'a reconnue en même temps que sa propre fille.

On pourrait penser que c'était un type bien. En tout cas, à ce moment-là, il avait montré qu'il avait de bonnes intentions, seulement, d'après Hélène, c'était un homme violent avec elle, sa femme. Alors elle a pris une décision : elle est partie, seule. Véro et Nathalie avaient 1 et 2 ans seulement. Mais elle a laissé tout le monde, les gamines et le type ! Il est mort d'une crise cardiaque peu après, mais elle n'a pas récupéré ses filles pour autant : ce sont les grands-parents paternels qui se sont occupés des deux petites à Aulnay-sous-Bois, en région parisienne. Tant mieux pour elles : ils leur ont donné beaucoup d'amour et, en plus, ils ont fait en sorte que Véronique et Nathalie gardent quand même un lien avec leur mère. Vraiment, des gens bien, responsables, généreux. C'est grâce à eux que j'ai connu ces deux demi-sœurs – pour moi, des sœurs tout court, je ne fais pas de différence avec les autres. Le grand-père, qui était chauffeur de taxi, les conduisait jusque chez nous une ou deux fois par an. Vis-à-vis des autres, les voisins, l'école, on n'avait pas le droit de dire que c'étaient les filles d'Hélène. On devait dire que c'étaient des cousines. Je n'ai jamais su pourquoi. Ma mère avait honte peut-être. Honte de ne pas s'occuper d'elles comme de nous. Honte de ne pas assumer son rôle auprès d'elles, tout simplement. Ou bien elle avait peur, si elle admettait le lien du sang en reconnaissant qu'elles n'étaient pas des cousines pour nous, donc des nièces pour elle, que ce couple de vieux nous les laisse. On était bien assez nombreux.

Moi, je suis arrivée le 25 avril 1986 sous le soleil de Clermont, dans l'Oise. Avant moi, comme je l'ai dit plus haut, mes parents avaient déjà eu deux filles, Angélique et Estelle. Ma mère répétait qu'elle attendait un garçon qui ne venait pas. Après moi, elle a essayé encore : il y a eu Nadine, puis Wendy. Des filles, encore des filles, toujours des filles ! Elle ne s'est vraiment souciée d'aucune de nous et je ne pense pas qu'elle se serait plus attardée sur le cas d'un garçon. Elle ne savait pas faire. Elle n'avait pas eu de mère elle-même : c'était une enfant de la DDASS, elle n'avait pas de repères, pas de modèle. Une fois nées, on n'avait qu'à pousser toutes seules, comme certaines plantes sur un bout de terre qui grandissent même sans tuteur : une graine, de l'eau, du soleil, et voilà. On a bien réussi, en effet. On s'est élevées toutes seules, et aucune de nous n'a poussé trop tordue !

Mon père n'avait pas eu beaucoup de chance non plus. Il était le premier d'une famille de neuf enfants. Son propre père battait les trois plus grands. Il a fini par se suicider. À l'âge de 19 ans, mon père a dû être amputé d'une jambe après avoir été fauché par un ivrogne en voiture. Forcément, je ne l'ai jamais vu danser en tournant sur lui-même dans le salon… Il avait beaucoup souffert dans son enfance, sa vie en tant que personne handicapée promettait de ne pas être simple, mais il n'a jamais reporté ses malheurs et sa frustration sur les autres pour autant, pas plus qu'il n'a fait souffrir ses filles ou sa femme. Il a fini par être embauché par l'usine juste à côté de notre maison et il était heureux, alors, de ne plus devoir compter sur ma mère pour subvenir à nos besoins. Notre enfance avec lui a été plutôt joyeuse parce qu'il était lui-même plutôt joyeux de nature. On faisait des courses en brouette l'été dans le jardin, on riait fort. Nos voisins qui avaient une piscine nous regardaient par-dessus le grillage, parce que nos cris leur faisaient envie : finalement, dans notre maison modeste, même si nous étions nombreuses et donc bien obligées de tout partager, nous nous amusions plus qu'eux qui semblaient plus gâtés que nous, sur le plan matériel en tout cas.

Mon père aimait faire la fête, il riait pas mal à la maison, c'était un homme qui appréciait les petits bonheurs simples du quotidien. Bien sûr, à la fin, il n'était pas toujours heureux avec sa femme, notre mère. Elle avait des aventures de son côté... Un jour, alors qu'il était très en colère contre elle, il m'a même laissé entendre que je n'étais peut-être pas sa fille biologique. Sur le moment, ça m'a fait mal, et c'est longtemps resté une question pour moi, mais j'ai fini par décider que ça n'avait pas beaucoup d'importance : c'est lui qui m'a élevée et il m'aime autant que mes sœurs. Cela fait de moi sa fille, voilà tout.

D'ailleurs, il n'est jamais revenu sur la question et il a continué de se comporter comme un père.

*
* *

En 2001, quand il a été licencié de son usine, il a été très déprimé, et il a fait ce qu'il a pu pour échapper à ses idées noires, notamment en recevant des copains, beaucoup de copains parfois. Un jour, ma mère est partie avec tous les meubles et un des types, emmenant ses gamines cette fois. Moi seule suis restée avec notre père parce que j'avais peur qu'il se fiche en l'air s'il se retrouvait livré à lui-même. Je ne voulais pas le laisser. Il réagissait comme il le pouvait dans une situation qu'il ne maîtrisait pas et qui le faisait beaucoup souffrir, c'est humain. On ne peut pas le condamner pour ça. La seule chose qu'on doive faire, tous autant qu'on est sur Terre, c'est d'accepter les autres comme ils sont, avec leurs qualités et leurs faiblesses. Qui parmi nous peut dire qu'il n'a jamais craqué ?

Un an après, toutes mes sœurs sont revenues... Ce n'était pas possible pour elles de vivre avec Hélène, cette femme qui ne s'était finalement jamais comportée comme une vraie mère, en tout cas pas au sens où je l'entends, moi, en tant que maman. On ne manquait certes de rien, mais elle faisait souvent passer ses propres besoins avant les nôtres et n'était pas du tout démonstrative côté sentiments.

C'est une mère qui n'a jamais su dire « je t'aime » à ses enfants. Mon père non plus, d'ailleurs, et pourtant rien n'est impossible : ces mots sont sortis de sa bouche pour la première fois le jour de la mort de Nolan. J'ai apprécié, même si j'aurais eu besoin de l'entendre plus tôt, quand ma mère est partie et que je suis restée, séparée de mes sœurs, pour prendre soin de lui. Il faut croire que j'avais déjà le sens du sacrifice. J'avais 16 ans. J'étais assez grande pour faire mes propres choix et je ne regrette rien.

Quand même, quand j'y repense... Je suis devenue assez dure à ce moment-là. Je crois que j'étais très en colère. En colère contre cette drôle de famille où il fallait jouer des coudes pour se faire une place, où l'on ne possédait jamais rien à soi parce que chacune voulait ce qu'avait l'autre, et ça n'a pas vraiment changé. Il faut croire que l'envie fait partie de la nature humaine. J'avais ma place dans cette famille, je me mêlais à mes sœurs comme des fleurs sauvages se mêlent les unes aux autres sur un terrain vague, une sorte de jardin que personne n'entretient. Suivant les saisons, il arrive qu'une fleur se hisse au-dessus des autres pour attraper plus de soleil. Les autres s'adaptent. Je m'adaptais, j'occupais le terrain à ma manière, sans réfléchir particulièrement à ce qui se passait, sans me demander ce qui me rendait différente des autres fleurs de ma fratrie ni en quoi je leur ressemblais.

J'étais une adolescente assez peureuse, je manquais de confiance en moi et, en dehors de ma famille, je restais souvent seule. J'avais du mal à me faire des copines, peut-être parce que avec autant de filles à la maison, je n'avais jamais vraiment eu besoin de me lier avec d'autres personnes à l'extérieur : comme partout, on se disputait beaucoup, chacune de nous devait bien se défendre contre l'envie des autres, mais on partageait aussi de bons moments, vraiment joyeux.

Au lycée Jean Racine à Montdidier, j'étais élève en BEP secrétariat, mais ça ne me plaisait pas. Dans ma tête, je rêvais de devenir esthéticienne ou puéricultrice. Des rêves sans grande conviction, je n'avais pas beaucoup d'ambition sur le plan professionnel. En fait, j'avais vécu une enfance sans confort même si j'étais toujours soignée, nourrie et habillée, mais une enfance où il fallait juste se dépêcher de grandir pour s'échapper. Tout ce que j'en gardais, la conviction que j'en avais retirée, c'était que je voulais des enfants. Je n'avais peut-être que 16 ans, mais je me sentais prête à devenir maman. À devenir mère, mais une mère différente de celle qui venait de partir avec un ami de son mari...

J'ai rencontré Mickaël dans ce chaos.

2

Nolan, ou le bonheur de devenir maman

Mickaël avait 25 ans et moi 16. Le plus drôle, c'est qu'il ne me plaisait pas au début. Un beau sourire, mais c'était tout : à part ça, il n'était pas du tout mon genre. Il dansait mal. Et puis il ne faisait pas tellement attention à son apparence : il ne se coiffait pas, il ne cherchait pas à porter des vêtements qui lui allaient bien, il ne mettait pas de parfum. Il était maçon : ça, au moins, ça entretient le corps, c'était vraiment un bel homme !

Un soir, Micka m'a appelée chez mon père. Je n'étais pas très sûre que c'était vraiment avec moi qu'il voulait sortir, au début, parce que certaines de mes sœurs étaient jolies et plus proches de lui en âge. Mais il était très gentil, il voyait que je manquais de tout alors qu'il travaillait et gagnait bien sa vie. Il me donnait un peu d'argent de poche de temps en temps. Je n'aimais pas trop l'accepter, mais j'étais contente de le recevoir, d'autant qu'il ne me demandait rien. Il me respectait vraiment. Avec lui, je n'avais pas besoin de faire semblant d'être quelqu'un d'autre, même pas moi en mieux. Je lui convenais telle que j'étais. Alors Micka, petit à petit, avec son caractère tranquille, sa façon de prendre la vie comme elle vient, simplement, a commencé à me plaire. Sa famille a eu un peu de mal à m'accueillir, et je peux le comprendre. Ses parents étaient ensemble depuis trente ans, ils n'avaient que deux enfants, la maison, tout le confort : moi, à côté, j'avais tout du cas social ! Je ne leur en veux pas, mais ils avaient des préjugés sur les familles nombreuses, sur notre milieu « défavorisé », comme on dit. Mes sœurs et moi, on ne correspondait pas du tout à leur modèle idéal ! Ils n'imaginaient pas que je serais une bonne épouse pour leur fils et une bonne mère pour leurs petits-enfants. Est-ce que je l'ai été ? Est-ce que je le suis encore, maintenant que Nolan n'est plus là ? Je ne fais que me poser des questions. C'est usant, à la fin.

À 20 ans, j'ai arrêté les cours, j'ai trouvé un boulot de secrétaire qui ne me plaisait pas. Le patron a dû le sentir : il me harcelait et cherchait sans arrêt à me pousser à la faute… Et on sait comment les hommes sont capables de se conduire avec les jeunes femmes peu sûres d'elles, comme ils peuvent être durs. On sait combien c'est difficile de se défendre, ou même juste de se faire respecter, sans perdre son travail.

À la fin de mon contrat de trois mois, j'ai été satisfaite qu'il ne soit pas renouvelé, l'affaire s'est arrêtée là, ce qui convenait à tout le monde. J'ai suivi une petite formation pour travailler dans la vente et me suis retrouvée hôtesse de caisse dans un supermarché. Je voyais défiler du monde, des gens que je connaissais de vue, ou plus, ou pas du tout, on discutait quelques instants, le temps de passer les articles, et au suivant. Là encore, je prenais les choses comme elles se présentaient, sans réfléchir à ce que je ferais par la suite sur le plan professionnel. Ce n'était pas important pour moi : un travail sert à gagner de l'argent pour payer les factures, tant mieux s'il est plaisant, et surtout s'il n'est pas trop pénible, mais pour moi, il n'y avait pas plus d'enjeu que ça. Mon souhait finalement assez vague de devenir esthéticienne ou puéricultrice s'était évanoui : je pouvais toujours jouer à me faire belle chez moi, et je m'occuperais de mes enfants quand j'en aurais, je serais satisfaite à ce moment-là.

Micka a emménagé chez mon père avec moi, mais aussi avec mes sœurs, bien sûr, puisque c'était aussi chez elles ! Ce n'était pas très sain, toutes ces jeunes femmes autour de lui, avec en plus mon père qui aime bien faire la fête et que Micka accompagnait parfois... Même s'il avait dix ans de plus que moi et que je n'avais encore rien vécu, j'étais la plus mature de notre couple. Je me rendais compte de ce qu'il fallait changer pour avoir une chance que notre histoire dure. Et qu'elle dure longtemps. J'ai toujours dit que je ne voulais pas reproduire le schéma que j'avais connu : j'aurais trois enfants, et les trois avec le même homme avec qui je passerais toute ma vie. Micka, lui, n'en voulait pas. En tout cas, c'est ce qu'il me répétait, au début... Mais il a fini par dire d'accord. « D'accord pour un. » À partir de là, il est devenu évident que nous devions vivre ensemble, juste nous deux, et commencer à nous construire la vie que nous voulions, une vie de couple et de famille en dehors de la tribu.

Mais pas trop loin non plus... Nous nous sommes installés dans un appartement à Maignelay-Montigny, à quelques minutes du reste de la famille. Dès lors, tomber enceinte est devenu une obsession pour moi. Je fonctionne comme ça : quand j'ai décidé quelque chose, c'est tout de suite ! Je n'attendais que ça, constater que mes règles ne revenaient pas, sentir quelque chose pousser dans mon ventre, le voir s'arrondir, me projeter, concrètement, dans une vie de maman. Mois après mois, ce que j'espérais tellement ne se produisait pas, et je ressentais une grande déception. Alors Micka m'a acheté un chien, un pékinois, pour me distraire... Pour me détourner de mon obsession et pour que la nature puisse faire les choses. Ça me fait vraiment bien rire, quand j'y pense. Mais voilà, ç'a marché : Nolan est arrivé le 21 juillet 2009 dans l'après-midi. Quarante-sept centimètres, 3 kilos et 20 grammes, minuscule mais en pleine forme. Je l'ai aimé tout de suite.

***

On n'est pas trop jeune, à 23 ans, pour devenir maman du moment qu'on l'a vraiment voulu. Je n'avais pas tellement apprécié la grossesse – je me trouvais grosse et moche –, mais j'avais été heureuse pendant neuf mois à l'idée d'avoir un bébé. J'avais d'abord espéré une fille et j'avais été un peu déçue, à l'échographie, en découvrant que c'était un garçon, mais je m'étais vite habituée à l'idée. J'avais renoncé à ma petite Gaétane, j'étais prête à faire une place à un petit Nolan. Micka avait arrêté de fumer dans l'appartement, conscient que l'odeur du tabac était mauvaise pour le bébé dans mon ventre et, bien sûr, inenvisageable dès sa naissance. On avait préparé une chambre, acheté ou récupéré auprès des autres femmes de la famille déjà mères tout ce qu'il fallait pour accueillir notre petit garçon. Tout allait bien, mon rêve se réalisait, je vivais avec un homme gentil et sûr, le genre d'homme qui assume ses responsabilités. Tout allait être formidable, j'en étais certaine.

Pourtant, dès la maternité, après l'accouchement, je pleurais tout le temps. La sœur de Micka, aide-soignante de métier et mère elle aussi depuis quelques mois, me secouait durement. Pas très psychologue, mais pleine de bonnes intentions, elle pensait que ça m'aidait. Rien ne pouvait vraiment m'aider. Je culpabilisais pour tout : Nolan était né quatre jours après la date prévue, l'accouchement avait été déclenché et il avait souffert pendant le travail, il était sorti avec le cordon ombilical enroulé autour du cou et il avait avalé du liquide amniotique. Maintenant il régurgitait, il grossissait lentement tout en étant très vif. Pendant plusieurs mois, jusqu'à ce qu'on commence à diversifier son alimentation, on a essayé tous les laits maternisés possibles. Il n'en acceptait aucun. Le nourrir était vraiment compliqué.

J'étais épuisée, anxieuse, sans doute de nature, même si je ne m'en étais pas rendu compte plus tôt. Je m'occupais tout le temps de lui, je ne voulais jamais le lâcher. Je vivais avec une peur incontrôlable qu'il meure en s'étouffant. S'il était couché, j'allais sans cesse vérifier qu'il respirait bien. Pourtant, il était vraiment en pleine forme ! Le pédiatre me le disait, ma belle-famille le constatait et moi aussi, puisque je ne le quittais jamais des yeux. Quand j'ai repris le travail, à ses 6 mois, il se tenait très bien assis, il commençait à se déplacer à quatre pattes, il babillait et riait tout le temps. Comme il ne faisait toujours pas ses nuits, mes beaux-parents le prenaient chez eux le samedi pendant que Micka et moi allions travailler tous les deux, et pour que je me repose aussi. Ce sont de bons grands-parents. Mon père avait retrouvé un poste quelque temps après son licenciement et repris une existence plus normale, plus régulière en termes d'horaires et d'hygiène de vie.

Depuis plusieurs années maintenant, il perçoit une allocation d'adulte handicapé qu'il mérite amplement, et vit tranquillement chez lui. Il s'occupe de sa maison, il fait son jardin, il est toujours aussi gentil et je regrette qu'on ne se voie plus si souvent. Il vieillit mais reste un bon père, et il a été un bon grand-père tant que Nolan était encore en bonne santé…

*
* *

Tout ce que je peux raconter sur notre vie de famille avant qu'elle bascule dans l'horreur doit paraître très banal. Ça l'est en effet. Quand on n'était pas au travail, Micka et moi regardions notre petit garçon grandir. Nous étions heureux sans vraiment le savoir, parce qu'on ne se pose pas de question tant que tout roule. Les soucis que je vois comme dérisoires aujourd'hui me rendaient chèvre, mais la plupart du temps on était juste joyeux. On profitait, au jour le jour, sans tirer de plans sur la comète. Nous avions quitté l'appartement pour une petite maison, toujours située à Maignelay-Montigny, avec une courette où Nolan pouvait étaler ses jouets et faire du tricycle. Comme toutes les jeunes mères, j'étais un peu gâteuse avec mon bébé, et même complètement gaga, en adoration totale. Quand j'arrivais au travail, je répétais les petites phrases mignonnes qu'il avait dites la veille. Je l'imitais lorsqu'il agitait la main en me voyant partir de la maison et qu'il me disait « à pusss ! ». Comme j'ai un cheveu sur la langue, ça faisait son petit effet. Je montrais des photos de lui à mes collègues. Elles le trouvaient parfait, bien sûr, puisqu'elles le voyaient à travers mes yeux de mère foldingue de son petit. Ou parce qu'il était vraiment parfait !

Et puis tout a basculé, soudain, sans qu'on l'ait vu venir, sans qu'on puisse arrêter la chute. Le bonheur, l'insouciance, tout à coup, c'était fini. On a sombré dans l'horreur. Un des tout derniers jours de mai 2011, j'ai laissé Nolan avec mon père venu le garder à la maison pendant que j'allais travailler. Nolan a secoué sa menotte en répétant « à pusss ! », je suis partie, comme d'habitude, en toute confiance, le cœur léger. Pour le déjeuner, j'avais laissé mes instructions : il y avait une purée dans le frigo et des steaks hachés dans le congélateur. Après la sieste, comme toujours quand il faisait beau, ils iraient se promener un peu dans la campagne, cueillir des fleurs sur les talus, s'amuser à imiter le bruit des vaches... Quand je suis rentrée le soir, tout s'était passé comme prévu. Très bien, apparemment.

En fait, c'était le début du cauchemar. Tout ce que je peux raconter sur ma vie de famille à partir de ce jour n'a plus rien de joyeux ni de banal. À partir de ce jour, Nolan n'a plus jamais été le même. Il n'a plus jamais dansé dans le salon avec moi, il n'a plus dit « à pusss ». Il n'a pas appris de nouveaux mots. Il a grandi assis. Tordu. Une poupée de chiffon avec un cœur qui battait à l'intérieur. Huit ans de souffrance. On l'a enterré le 18 septembre 2019 au cimetière de notre commune. C'est un bel endroit, bordé par un bois, et l'air qu'on y respire fait du bien. Je vais le voir presque tous les jours. Il y a des fleurs et des bougies sur sa tombe, des figurines de petits animaux, des jouets. Raconter tout ça, toute son histoire, c'est une autre façon de garder un lien avec lui. Une autre façon de me faire du bien. Il me manque tellement... Mais certains jours, j'ai vaguement honte parce que je suis un peu soulagée, aussi. Les huit années qu'il a vécues après ça ont été un enfer pour lui d'abord, mais aussi pour nous, ses parents.

Dans le steak haché, il y avait une bactérie qui n'aurait pas dû s'y trouver. Cette bactérie a attaqué ses reins, ses organes, son cerveau. Notre petit garçon plein de vie est devenu lourdement handicapé, il a dû subir des dizaines d'hospitalisations, de nombreuses interventions chirurgicales, et des soins lourds au quotidien. Micka et moi avons enduré pendant huit ans la douleur de voir notre fils souffrir, et notre vie, bien sûr, en a été bouleversée. Nous avons aussi enduré le mépris de certains médecins, la solitude, la bêtise ordinaire de certains de nos proches, la mesquinerie et même la jalousie. Oui, la jalousie... C'est quand même incroyable...

Je n'ai pas l'intention de donner à ceux qui nous ont fait du mal plus de place qu'ils n'en méritent dans le récit de la vie de Nolan, mais j'espère pouvoir me libérer de ce qui m'a blessée et rappeler qui est responsable de quoi dans cette horreur. Mon mari est avec moi, je ne crains pas les conséquences. Maintenant que Nolan est parti, j'ai compris que mon chagrin m'appartient. Et mon avenir aussi.

3

Je me suis menti à moi-même

Nolan me faisait des blagues, tout le temps, depuis tout petit. Des blagues qui ne me faisaient pas toujours rire, moi – quoique – mais qui l'amusaient beaucoup, lui.

Je me souviens d'un jour, alors que j'étendais le linge dans la cour. Il est arrivé, tout fier, les mains en l'air : elles étaient noires de terre. Alors il m'a montré qu'il était sur le point de les essuyer sur un drap blanc que je venais juste de suspendre sur la corde. J'ai aussitôt crié : « Ah non, Nolan ! », très sérieuse, et vraiment inquiète pour mon linge. Il a éclaté de rire et baissé les bras. Il n'avait pas vraiment eu l'intention de me faire ce sale coup, mais il avait anticipé que je n'aimerais pas qu'il le fasse, et il s'amusait à me faire tourner en bourrique…

Quand il marchait à côté de mon père, qui claudique à cause de sa prothèse, Nolan jouait à boiter un peu, lui aussi, pour l'imiter. Il aimait bien qu'on remarque ses pitreries, qu'on le regarde. Il faisait toujours en sorte de se placer au centre de mon petit monde, et ça ne me dérangeait pas, au contraire : je l'adorais, quoi qu'il fasse. Même lorsqu'il lançait des petits cailloux par la fenêtre, de la cour vers la cuisine, comme si j'avais pu oublier qu'il existait. Un bon petit diable...

Il observait tout, il écoutait tout, et il savait s'en souvenir, le coquin. En mangeant du pain, à deux reprises, il avait manqué s'étouffer en faisant une fausse route. Au lieu de descendre vers l'estomac, les aliments s'étaient dirigés vers les poumons. Je savais qu'il aurait pu en mourir. Chaque fois que c'était arrivé, heureusement, je m'en étais rendu compte aussitôt, et j'avais eu le réflexe de taper son dos assez fort pour le faire tousser et pour que ce qu'il avait mal avalé remonte. Alors il avait remarqué que j'avais eu très peur, évidemment... Je me souviens d'un soir, alors que Micka n'était pas encore rentré, où Nolan m'a fait le coup à nouveau, mais pour de faux cette fois. Il mangeait, tranquillement, je me suis levée pour aller lui chercher de l'eau au robinet, et je l'ai entendu tousser. Pendant plusieurs secondes, il a continué à tousser jusqu'à ce que j'arrive près de lui, complètement paniquée, sûre qu'il allait y rester. Et là il a éclaté de rire. Il ne toussait plus du tout, tout à coup. Il n'avait jamais vraiment toussé, il faisait semblant ! Je l'ai grondé bien sûr. Il n'avait même pas 2 ans et, déjà, il se moquait de moi. Je me demandais : « Bon, qu'est-ce que ça va donner dans quelques années ? » Mais je ne l'ai pas grondé trop fort. Et j'ai ri moi aussi, j'ai ri avec lui de la farce qu'il venait de me jouer. Après tout, c'était un moment joyeux. Et complice. Et puis surtout, ça n'était pas grave. Ce n'était pas réel. Cette fois, il n'avait pas vraiment failli mourir.

Si seulement il avait toussé très fort après que la bactérie avait commencé d'attaquer son corps... Si seulement il avait pu montrer des signes plus marquants, des signaux d'alarme tonitruants, qu'on n'aurait pas pu ne pas entendre...

Dans la nuit du mardi 7 au mercredi 8 juin 2011, il a seulement eu du mal à respirer. Et comme toujours la nuit, malade ou pas malade, il est venu dormir dans notre lit. Il s'est glissé entre son père et moi, en nous tenant la main par moments, en essayant de dormir parce qu'il était fatigué, mais sans y parvenir plus de quelques minutes d'affilée parce que la douleur le réveillait. J'étais vraiment inquiète. Comme toutes les mères quand leur petit a l'air malade, j'ai vérifié sa température, j'ai essayé de le calmer quand il se retournait brusquement dans le lit, j'ai caressé doucement son front, pour qu'il s'apaise, pour qu'il respire plus tranquillement, qu'il se laisse aller au sommeil. Je crois même que je lui ai chanté une chanson. Nolan prenait de grandes inspirations. Il avait l'air de chercher son souffle, ou plutôt de ne pas pouvoir remplir ses poumons d'air. Je pense qu'il était secoué par des spasmes, mais bien sûr, il n'était pas capable de dire précisément comment il souffrait ni où. « Mal, maman. Mal là. »

Et il montrait son ventre. Son tout petit bidon tout rond de petit garçon de 23 mois.

Le mercredi, je devais travailler, alors j'ai demandé à la mère de Micka d'emmener Nolan chez le médecin, pour voir, pour comprendre, pour savoir. Pour qu'il lui donne un traitement et que Nolan ne passe pas une nouvelle nuit aussi pénible. Le soir, quand je les ai retrouvés, elle m'a simplement dit : « Ne t'en fais pas, d'après le docteur, c'est juste une bronchite, ce n'est pas grave. » Je trouvais qu'il ne toussait pas beaucoup, pour une bronchite, mais bon... Je n'ai pas fait médecine. Micka et moi travaillions. Mes beaux-parents ont gardé Nolan encore quelques jours. Une bronchite, donc... Qu'est-ce qu'ils auraient pu soupçonner d'autre ? Et moi, qu'est-ce que j'aurais dû faire de plus ?

Le vendredi 10 juin, Nolan a commencé à avoir la diarrhée, mais jusque-là, comme l'assurait la mère de Micka, tout semblait aller normalement. Il manquait juste un peu de dynamisme. Il était légèrement amorphe, comme on l'est quand on est malade, mais pas plus. Le samedi était la grosse journée pour moi au travail, celle où les clients défilent aux caisses avec des chariots pleins à craquer, des enfants qui s'agitent autour, il faut faire attention à tout, attention à bien passer tous les articles, attention à bien compter la monnaie, et toujours rester polie, évidemment, concentrée mais polie... Alors le vendredi soir, comme convenu, Nolan a été pris en charge par la sœur de Micka cette fois : elle aimait bien le prendre chez elle, de temps en temps, après tout, c'était son neveu et elle tenait à lui. Le lendemain soir, elle nous l'a ramené en disant que la diarrhée n'avait pas cessé, mais qu'il ne fallait pas s'inquiéter. « C'est rien, c'est les suppos. » Magali, qu'est-ce qu'elle aurait pu imaginer d'autre ?

Dans la soirée, j'ai constaté qu'il y avait du sang dans la couche de Nolan. Quelques gouttes rouge vif au milieu d'une selle de couleur et de consistance inhabituelles. Mon petit garçon pleurait beaucoup. Il râlait, il se tortillait, et il avait l'air de plus en plus abattu. Tout à coup, une petite voix dans ma tête de maman parano pas si parano que ça m'a conseillé de ne pas traîner. J'ai convaincu Micka de nous conduire à l'hôpital de Montdidier, où un médecin a examiné notre fils. Nous étions au beau milieu du week-end, dans la soirée du samedi, je me doute bien que ce médecin aurait préféré être ailleurs... Il a fini par balancer : « Il y a une fissure anale due à un problème de constipation. Je vous prescris de la crème Bépanthène en application pour la fissure et du Forlax pour aider à l'évacuation des selles. » Je n'y ai pas cru une seconde. Nolan avait la diarrhée depuis deux jours au contraire ! Mais ce docteur, qui voyait Nolan pour la première fois de sa vie, qui ne savait pas comment il était huit jours plus tôt, à chanter dans la cour, à courir derrière les oiseaux, ce docteur qui n'y connaissait peut-être rien aux enfants, est-ce qu'il aurait pu soupçonner quelque chose de plus grave ?

La nuit était déjà bien avancée. En face de lui, sous les néons sinistres de la salle d'examen, il avait un couple de Picards pur jus comme tant d'autres qui paniquaient pour rien. Il en voyait à longueur de garde, des gens comme nous, de jeunes parents sans expérience, affolés pour un excès de fièvre ou une poussée d'urticaire. Nous étions un maçon, une caissière de supermarché et, oui, nous nous faisions tout petits face aux blouses blanches. Quand on n'a pas d'éducation, on ne la ramène pas. Nous sommes repartis avec Nolan comme nous étions venus. On n'a rien dit. J'ai gardé mes doutes pour moi et je suis restée muette. N'empêche, le coup de la constipation, je n'y ai pas cru.

Dans la nuit du samedi 11 au dimanche 12 juin, Nolan ne dort pas une seconde. Il souffre trop. Il se tord dans tous les sens, lentement, péniblement, en tenant son ventre avec ses mains. Mais qu'est-ce qu'il peut tenir ? Ou plutôt, qu'est-ce qu'il peut contenir de ce qui le torture, à l'intérieur ? Comment pourrait-il endormir la bête qui s'agite dans son abdomen ? Micka et moi prenons notre fils dans nos bras. Nous essayons de le rassurer. « C'est rien, mon chat. Ça va passer. Tu vas guérir. Sois patient. Pauvre petit chaton. » En fait, nous lui mentons. De tout notre cœur, nous lui disons des paroles qui consolent, mais nous lui mentons. Nous nous mentons aussi. À ce moment-là, nous ne savons pas ce qu'il a vraiment. Une bronchite. La diarrhée. Ça fait mal, en tout cas, ç'a l'air de faire vraiment mal, à voir sa petite bouille qui grimace et son corps qui se tord. Nous lui mentons pour que le mensonge devienne la réalité. Pour que ça passe. Pour qu'il guérisse. La petite voix dans ma tête, c'est comme un oiseau de malheur qui ferait des cercles au-dessus de notre toit. Une vilaine corneille qui graille, sans jamais se lasser, à laquelle on lance des regards mauvais, mais sans l'obliger à changer de ciel. Pourtant, je ne veux pas l'entendre. Je continue de mentir. « C'est rien, mon bébé. »

Je n'y crois pas. Je ne crois pas à mon propre mensonge. Ce n'est pas rien, c'est grave au contraire. Je tourne en rond. Je deviens folle. Micka me dit : « Calme-toi, tu t'inquiètes trop, ça ne l'aide pas. » Pourquoi la petite voix ne s'est-elle pas fait entendre plus franchement ? Pourquoi n'ai-je pas su en faire résonner l'écho ? Aujourd'hui, je comprends que je n'étais pas encore celle que je suis devenue. Une grande gueule en quelque sorte. Si ça arrivait maintenant, à la Priscilla des années 2020, on l'entendrait appeler au secours à des kilomètres. Mais ce jour-là, il y a dix ans, j'étais tellement peu sûre de moi... Je ne m'écoutais pas moi-même, alors qui aurait pu m'entendre ?

Ma belle-sœur téléphone, elle demande des nouvelles. Elle nous écoute, elle. Magali entend notre angoisse, et elle nous conseille d'emmener Nolan à l'hôpital de Beauvais : « Il y a une épidémie de syndromes gastriques. Si c'est ça le problème, ils sauront quoi faire. » Beauvais est à une demi-heure de chez nous, c'est la grande ville la plus proche, l'hôpital est plus grand que celui de Montdidier, il y a un vrai service d'urgences, mieux équipé, avec davantage de médecins, forcément, et des médecins que j'espère plus compétents. Micka pense que j'exagère, mais sa sœur est aide-soignante, elle est un peu du métier : elle plus moi, ça fait deux voix qui s'accordent pour décider qu'il est urgent de demander un autre avis médical. De ne plus attendre. Et puis, Micka aussi voudrait que Nolan aille mieux, bien sûr. Nous partons donc à Beauvais. Sur place, j'explique tout au médecin. Je lui refais l'historique, depuis la nuit où Nolan a eu du mal à respirer à cette journée où notre fils ne parle quasiment plus tant la douleur le met K.-O. Les médecins dans les hôpitaux sont toujours tellement pressés… Ils croient si facilement que le patient d'à côté a besoin d'eux davantage que celui qui se tient là, juste devant eux. Cet urgentiste-là m'écoute d'une oreille, il regarde à peine Nolan, juste un examen rapide. Il constate : « Selles liquides avec présence de sang sans température, fissures anales et prolapsus rectal (extériorisation du rectum) lors des poussées. Pas de vomissements, l'enfant boit. » Il insiste sur la constipation. Je continue de penser que ce médecin se trompe lui aussi, mais je l'ai dit, je suis alors une jeune femme peureuse, je manque trop d'assurance pour m'imposer, je me sens toute petite face à la plupart des gens. Le rapport d'hospitalisation se termine par ces mots : « L'enfant est renvoyé à domicile avec des conseils diététiques. » Quelques sachets de Smecta et un peu de repos sont censés régler l'affaire. Je prends sur moi. D'ailleurs, en quelque sorte, ça m'arrange : si c'était vrai ? Si tout rentrait dans l'ordre comme ça, si facilement, comme sur un claquement de doigts ? Nous reprenons la voiture dans l'autre sens. Je veux bien continuer à mentir, à mon fils comme à moi-même. J'ai besoin d'y croire. Nolan est comme un zombie. Là, mais pas là. Je mets ça aussi sur le compte de l'épuisement. La petite voix, je lui ordonne de se taire. Puisqu'ils sont tous d'accord, les savants des hôpitaux, pour dire que ce n'est pas grave !

Quelques semaines plus tôt, Micka, Magali, ses filles, Nolan et moi étions tous ensemble à Eurodisney. Nolan avait eu l'air émerveillé toute la journée par les décors, les musiques entraînantes qui passaient dans les allées, les manèges. Et Winnie. Quand l'ourson – plus grand que moi, l'ourson ! – s'était avancé vers nous, Nolan avait eu un élan brusque, il avait voulu se jeter à son cou. Nous avions beaucoup ri. Ri de joie, parce que nous donnions du bonheur à notre petit garçon. C'est tout bête. C'est la vie de parents. Et maintenant, un autre côté de cette même vie, comme l'autre face d'une pièce, l'autre côté de la planète : notre bébé est malade. Demain, dans quelques jours, bientôt, il sera guéri, on oubliera, on passera à la suite, à son deuxième anniversaire qui approche : c'est dans quelques semaines. C'est décidé : nous allons lui offrir un petit quad électrique. Oui, mais en attendant, il est malade. La petite voix… Je crois que c'est plus grave qu'on nous l'affirme, mais je suis la seule à le croire, donc je dois avoir tort. Je veux m'en convaincre. Je dois en être convaincue. Il ne peut pas y avoir une autre vérité que celle-là.

Le lundi 13 au matin, c'est la Pentecôte, un jour férié. Micka ne va donc pas travailler et nous restons tous les deux avec Nolan à la maison. Il a à nouveau dormi entre nous dans notre grand lit. Mais en fait non, il n'a pas dormi. Il pousse des gémissements faibles, des soupirs. Plusieurs fois il nous a dit qu'il avait mal au ventre, et puis il a arrêté de le dire puisqu'il a vu que nous n'étions pas capables de le soulager. Micka sort faire des courses. Nolan est sur notre lit, je m'absente un moment pour aller prendre une douche vite fait. Il ne proteste pas quand je sors de la chambre. Lorsque je reviens, je le trouve sur le sol, recroquevillé sur lui-même, le regard perdu dans le vide. Il gémit encore plus doucement. Il ne se plaint pas. Il gémit, juste, il gémit comme on respire, sans y penser, sans chercher à attirer mon attention. Il gémit, et ce n'est même pas pour être entendu, ni plaint ni cajolé. Il y a dans le silence de la chambre un bruit comme un souffle d'air qui sort de lui sans qu'il le commande vraiment. Alors là, enfin, ma petite voix, soudain, je la crois. Les mensonges, c'est fini. Il se passe quelque chose dans le corps de mon petit garçon. Quelque chose qui est en train de l'abîmer, dedans, qui lui prend la vie. Je le ramène à l'hôpital sans attendre une minute de plus.

4

Bras ballants sur le ring

Est-ce que c'est supportable, un récit pareil ? Si on a des enfants, on peut se mettre facilement à ma place, imaginer ce que j'ai vécu. Et si on a eu mal, si on a souffert, physiquement, au moins une fois dans sa vie, on peut imaginer ce qu'a enduré Nolan. Qui peut avoir envie de ça ?

Je raconte tout dans ce livre, et je sais avec quelles intentions je le fais, dans quel but, avec quel espoir au moins, mais je me demande vraiment qui va le lire et pourquoi. Est-ce que des gens viendront me dire, après l'avoir refermé, ce qu'ils en ont pensé ? Est-ce qu'ils vont me juger de ne pas avoir sauvé mon fils ? À qui ça peut faire du bien de plonger dans ce cauchemar ? Des livres, moi, je n'en lis jamais. Je ne regarde pas non plus beaucoup la télévision, juste certains jeux, et un peu les infos, mais pas de séries ni de films. Je n'aime pas qu'on me raconte des histoires avec des personnages : en fait, je n'y crois jamais. Ça ne ressemble pas assez à la vraie vie et ça ne me fait pas rêver, bizarrement. À moins que cela me renvoie trop durement à mon quotidien, au contraire, et que je ne supporte pas le contraste. Qu'importe... Mais je me dis que les gens qui achètent des livres dans les librairies ou dans les supermarchés cherchent un moyen de se divertir, que c'est un loisir comme un autre, pour oublier un peu sa vie, pour vivre celle de quelqu'un d'autre, pendant quelques heures, quelques jours...

Je ne veux pas qu'on lise ce livre pour se divertir. Je veux que des gens le lisent pour faire la connaissance de Nolan à travers son histoire, du début à la fin, pendant ce temps trop court, dix ans et deux mois, un temps si long à souffrir. Je veux que les gens reconnaissent et admirent son courage.

Mon truc à moi, pour me changer les idées, c'est la déco. Je refais les peintures, j'assemble des objets selon un thème, avec trois fois rien je crée une ambiance. C'est toujours impeccable dans ma maison, on se croirait dans une émission de relooking, sauf que l'« avant » n'est jamais plus vilain que l'« après », juste différent. Dans la chambre de Nolan, le thème c'était la jungle : une vraie forêt tropicale, avec des murs verts, une frise avec des feuillages et des animaux sauvages un peu partout. Après sa mort, j'ai tout repeint en rose un peu passé avec des touches de blanc. Et deux ans après, rebelote, couleur terre cuite cette fois. C'est devenu une chambre d'amis. J'y vais souvent parce que j'y dors mieux que dans mon lit à l'étage. Dans la journée, je m'y allonge. Je m'y repose.

La Pentecôte, donc… Quand le personnel des urgences pédiatriques de l'hôpital de Beauvais me voit arriver à nouveau avec mon petit garçon de 23 mois ce lundi 13 juin à midi, c'est clair qu'il faut l'hospitaliser tout de suite. C'est évident pour tout le monde soudain. Depuis presque deux semaines maintenant, la bactérie détruit le corps de Nolan. Ça, personne ne le sait encore pour l'instant, mais on ne peut plus croire que c'est une bronchite toute bête ni un problème gastrique quelconque qui le met dans cet état. Il a maigri, puisqu'il n'arrive plus à avaler quoi que ce soit de solide. Il ne pèse plus que 10 kilos, mais il est lourd dans mes bras parce qu'il s'y abandonne complètement. Nolan est à bout de forces, j'en ai pour deux, pour trois, pour la Terre entière. Je donne son nom, j'explique qu'on était déjà là la veille au soir. J'ajoute qu'il a été examiné mais que quelque chose a dû échapper au médecin, forcément. Je précise que depuis mercredi dernier, depuis cinq jours déjà, on consulte, on obtient des diagnostics qui ne tiennent pas la route, et que l'état de mon fils empire maintenant d'heure en heure. Je détaille tout, je cite tout le monde : d'abord on a vu un médecin généraliste, puis un urgentiste à Montdidier, et donc un autre hier soir à Beauvais, mais aucun d'eux n'a pris son cas au sérieux et voilà, on en est là : mon petit garçon de 23 mois dépérit peu à peu. Enfin, cette fois, la personne chargée de trier les patients comprend qu'il faut réagir. Elle comprend.

Aucune mère ne s'amuse à amener son gamin plusieurs fois aux urgences si elle n'est pas persuadée qu'il est sérieusement malade et qu'elle ne peut pas l'aider toute seule. Enfin, *enfin*, on m'écoute. Je me dis qu'on va lui faire des examens, cette fois, et pas seulement tâter son ventre et regarder ses fesses. Je suis toujours inquiète, mais j'ai confiance tout à coup. Je ressens un peu d'espoir maintenant. Je répète à Nolan qu'on va le soigner, que ça va bien se passer. Il garde les yeux entrouverts, mais il n'a pas l'air d'entendre. Il ne réagit plus à rien. Pourtant je ne lui mens plus vraiment puisque j'y crois.

Je suis une boxeuse, sur un ring, et j'ai les poings liés dans mon dos. À la merci de mon adversaire. Il peut m'envoyer tous les coups qu'il veut dans la tête ou dans le ventre, je ne peux que les encaisser. Je subis. Depuis trois jours, depuis que Nolan a des selles liquides, vertes et sanguinolentes, je l'ai vu s'éteindre peu à peu comme un petit feu. Et je n'ai rien pu faire. Je suis restée là, complètement impuissante. J'ai reçu les coups. J'ai entendu Micka, mais surtout des médecins très sûrs d'eux, me dire que je m'inquiétais trop. Qu'il fallait que je me calme. Qu'on n'avait qu'à rentrer chez nous et attendre. Je n'ai pas lâché mon petit une seconde. Je l'ai changé des dizaines de fois. J'ai essuyé ses larmes, et puis je n'ai plus essuyé ses larmes parce qu'il est devenu incapable de pleurer. Il ne dort plus, il ne mange plus, moi non plus. Pour moi, ce n'est pas grave, je suis forte, j'ai de la réserve. Mais mon fils, il rétrécit.

On lui fait une prise de sang. On le couche dans un lit, attaché, avec une perfusion dans le bras. Attaché, pourquoi ? Il ne se débat pas, il n'a pas d'énergie pour ça, mais il gémit, il cherche une position plus confortable pour dormir et je ne peux pas le prendre sur moi pour l'apaiser. Je ne demande pas ce qui coule dans le tuyau. Je me dis juste que c'est pour lui redonner des forces. Je reste impuissante, je ne peux rien faire et rien dire d'utile, mais au moins maintenant on me laisse tranquille dans mon coin sur le ring. Plus de coups. Toute l'attention, enfin, se porte sur le petit garçon malade, pas sur sa mère hystérique dont on n'a pas su quoi faire. On m'a oubliée. Je suis la mère du patient, rien de plus, et tant mieux. Je reste là. J'encombre un peu le personnel parce que je m'inquiète et que je pleure beaucoup. Les infirmières sont gentilles, elles ne me reprochent rien. Mais elles peuvent juste faire leur métier, rien de plus : elles ne savent pas quoi me dire pour me rassurer, alors elles se taisent. J'insiste. Je me raccroche à elles dès que possible. Dès que l'une d'elles s'attarde un peu, je lui pose des questions, c'est plus fort que moi. Elles ne savent pas y répondre, ou elles ne veulent pas, ou ça n'est pas leur rôle et elles refusent de prendre le risque, et donc la responsabilité, de me donner une information que je ne devrais peut-être pas connaître. Mais qu'est-ce que je ne devrais pas savoir ? Je suis la mère de cet enfant qui est leur patient, juste un patient pour l'hôpital, mais qui pour moi est tout. Ma raison de vivre.

Quand nous sommes arrivés, le même médecin qu'on avait vu la veille a dit : « Bon, ce n'est peut-être pas un problème de constipation après tout. Peut-être une gastro-entérite. » Mais maintenant les infirmières disent : « C'est vrai que ça fait mal, une constipation. » « On attend que le traitement agisse. » « On ne sait pas, madame. Laissez-nous faire. » « Essayez de vous calmer, ça fera du bien à Nolan que sa mère soit tranquille. » C'est reparti… Que je reste tranquille, bien sûr, tranquille, c'est-à-dire muette, immobile, inutile. Que je me tienne dans un coin, sans les déranger, comme Micka le fait sagement. Elles sont formidables et nulles à la fois. Sur le ring, elles me tendent une serviette mouillée qui n'éponge pas mes larmes.

5

Comment je suis devenue adulte

Dans un placard de la chambre de Nolan maintenant transformée en chambre d'amis, je garde un dossier gros comme un parpaing. Il est rempli des comptes rendus des hospitalisations de Nolan tout au long des huit années qu'a duré sa vie après l'intoxication. Je peux y lire tous les détails des examens qu'on lui a infligés. Être la mère d'un petit garçon malade n'a pas fait de moi une spécialiste de la maladie. Je ne suis pas en mesure de comprendre le fonctionnement du cerveau, comment il pilote le reste du corps, ou ce qui l'empêche de bien faire son travail. Je ne peux que recopier des informations que je ne comprends pas dans le détail, mais qui me renseignent quand même sur la prise en charge de Nolan par la médecine hospitalière.

En date du lundi 13 juin 2011 à Beauvais, je trouve un bilan sanguin précisant le nombre de globules blancs (20 900), « à prédominance de polynucléaires neutrophiles ». Il suffit de chercher un peu sur Internet pour voir que les globules blancs sont produits par la moelle osseuse et que leur fonction principale est de détruire les bactéries, les champignons et les virus. En gros, ce sont les défenseurs contre les attaques extérieures, et il en faut. Mais les autres mots, compliqués, trop compliqués pour moi, ne me disent rien de rien… Et puis ce nombre de 20 900 : c'est beaucoup ? C'est plus que beaucoup ? Ou pas assez, au contraire ? Non, ce nombre, je ne sais toujours pas quoi en faire, mais je me dis que les médecins, eux, étaient capables de juger si 20 900 globules blancs étaient trop peu ou trop tout court. Ce que je lis, surtout, c'est qu'ils ont décidé de donner des antibiotiques à Nolan et de le réhydrater par voie veineuse. Ils considéraient donc bien qu'il subissait une attaque et qu'il fallait l'aider à se défendre. Et donc… ils ne faisaient pas rien.

Lundi 13 juin, toute la journée, puis pendant la nuit du 13 au 14, je reste dans la chambre avec Nolan. Je ne le quitte quasiment pas. J'ai approché le fauteuil de son lit, je tourne autour du fauteuil pour me dégourdir les jambes, me masser le bas du dos, mais mon regard reste fixé sur mon fils en permanence. Micka est rentré à la maison dormir. Il ne dort pas. Il m'appelle très régulièrement pour prendre des nouvelles. Par moments Nolan, lui, s'assoupit. Et je respire un peu mieux, tout à coup. J'aime le voir comme ça, abandonné. Il ressemble à nouveau à mon fils, avant le début du cauchemar. Je me dis alors qu'il n'a mal nulle part et qu'il est en train de reprendre des forces. Que lorsqu'il rouvrira les yeux, il sourira, me demandera de rentrer à la maison, et qu'on oubliera tout ça. Mais je rêve. Je rêve éveillée et je n'y crois même pas. D'ailleurs Nolan se réveille vite. Il gémit doucement. Alors je rassemble mes forces, ma légendaire joie de vivre, je me penche sur lui. Je l'embrasse, je le rassure. Je dis n'importe quoi. Que dès qu'il sera guéri on retournera voir Winnie au parc Disney. Je mens encore, mais je mens de tout mon cœur. Je veux retourner voir Winnie avec Nolan. Je veux que mon petit garçon n'ait plus mal au ventre et qu'il se jette au cou de l'ours, de son copain cochon et du tigre qui fait des bonds. Je ne veux pas mentir, je veux que ça soit vrai tout ça, et je le veux tellement fort que je suis désespérée de ne plus pouvoir y croire, au fond de moi.

Une infirmière passe régulièrement dans la chambre. Elle vérifie que la perfusion est bien installée et que le liquide coule bien. Elle prend la température de Nolan. Vers 4 heures, il se réveille et cette fois il n'arrive plus à se rendormir. Son état empire. Son front est chaud mais son corps est tout blanc. Le rapport médical dira « marbré ».

*
* *

Je ne reconnais plus mon fils. Son visage est transformé par la douleur. Je serre sa main. Il bouge à peine. Ses petits doigts ne réagissent plus sous les miens. Il a l'air minuscule dans ce lit d'hôpital, j'ai l'impression qu'il est en train de fondre dans les draps, qu'il va disparaître complètement. Il est comme une image qui s'efface. Il désigne le bouton-poussoir que nous a montré l'infirmière, « si c'est trop dur ».

« Maman, appelle. »

Je n'entendrai plus jamais la voix de Nolan après ça.

J'appuie sur le bouton, elle arrive. Je sors dans le couloir, je fonds en larmes. Je ne peux plus contrôler mon angoisse. J'ai eu peur souvent que mon bébé meure, à tort. Parce qu'il régurgitait. Parce qu'il faisait une fausse route. Je l'ai même empêché de faire du toboggan parce que je craignais trop qu'il se brise le cou. Ça n'avait pas de sens, je m'en rends compte aujourd'hui. C'était de l'anxiété, je ne pouvais pas m'empêcher d'imaginer le pire, et je me demande bien pourquoi : est-ce que je l'ai protégé, finalement ? Il ne s'est pas étouffé, il ne s'est pas cassé les reins en tombant du toboggan, mais il est quand même dans un lit d'hôpital, et je n'ai pas pu l'empêcher. Maintenant il meurt vraiment, à petit feu, sous mes yeux, et je ne peux rien faire du tout. C'est comme s'il voulait me donner raison finalement. Ou comme si j'avais toujours su. Dans ce couloir d'hôpital, je réfléchis à tout ça, je vois toutes ces idées qui me traversent, et je me dis qu'elles sont complètement idiotes. Comme ces superstitions qui nous font penser au malheur, et qui nous rassurent en fin de compte. Parce qu'on ne contrôle rien, en fait, dans la vie. Les chats noirs sont des bestioles innocentes, on ne meurt pas plus les vendredis 13 et la peur n'exclut pas le danger. Nolan souffre, il pleure dans la chambre avec cette infirmière aussi démunie que moi, et je suis là, je me tiens des discours sans queue ni tête, ça carbure à fond sous mon crâne, j'imagine que j'aurais dû savoir, je m'invente des signes qui me prouvent que j'aurais dû savoir, je préfère m'en vouloir tout de suite plutôt qu'attendre une explication, parce que cet état d'ignorance est insupportable. La vérité : nous ne sommes pour rien dans toute cette histoire.

Nous sommes le mardi 14 juin. Je reste assise dans une salle d'attente, comme assommée, et je me demande pourquoi c'est ici que je me trouve alors que c'est l'anniversaire d'une de mes sœurs. Elle a 27 ans aujourd'hui, je pourrais être avec elle pour fêter ça. Elle me le fait remarquer, d'ailleurs, au téléphone, sans se rendre compte de sa maladresse. Elle n'est pas consciente de ce qui nous sépare maintenant, et qui n'a pas fini de me séparer, peu à peu, de chacune de mes sœurs : le malheur. La douleur qui dresse des murs de solitude entre moi et ces autres femmes qui sont ma famille, que j'aime mais qui ne peuvent pas comprendre, tout simplement parce qu'elles ne vivent pas la même chose. Bien sûr que je préférerais être avec ma sœur plutôt qu'avec mon petit garçon malade à l'hôpital. La lumière des néons de la salle d'attente est blanche, agressive. Je ferme les yeux. Je me dis : « Vas-y, tu n'as qu'à faire comme si, et ça sera pour de vrai, parce que la réalité, ça ne peut pas être ce cauchemar. » Ça ne marche pas. Il n'y a pas d'astuce, pas de formule magique, pas de pari à gagner. L'hôpital, Nolan malade, c'est la réalité. Pour combien de temps, je ne sais pas. Mais c'est comme ça, maintenant, c'est pour de vrai. Pas moyen d'y échapper.

*
* *

Nolan est devenu bleu. Il ne parle plus, et il est bleu. Il dort. En fait il ne dort pas, il meurt. À 8 heures le matin, Micka vient me retrouver à l'hôpital. Il insiste pour que je rentre à la maison me reposer quelques heures, m'allonger au moins, puisque j'ai passé la nuit assise dans un fauteuil ou debout dans le couloir à faire les cent pas. Il me rassure sur le fait qu'il va rester avec Nolan, qu'il ne le lâchera pas une seconde, et je sais que c'est vrai. J'ai pris toute la place ces derniers jours, mais c'est un père qui aime son fils autant que je l'aime, il n'y a pas de compétition entre nous, au contraire : nous nous faisons confiance, pleinement. Tranquillisée par sa présence, je reprends ma voiture et je rentre chez moi. Le compte rendu de l'hôpital dira : « L'évolution ce matin est marquée par la persistance d'une asthénie importante avec un abdomen très sensible et un anus béant avec extériorisation à la moindre stimulation du prolapsus anorectal. Apparition de la fièvre dans la nuit du 13 au 14, modérée à 38,8°. »

Je ne sais pas comment ça marche dans la tête des gens. Ni dans la mienne. C'est étonnant quand même : je suis capable de prendre le volant, de retrouver la route jusque chez moi. Je ne grille aucun feu, aucun stop. Je n'oublie pas d'enclencher les clignotants pour tourner, je regarde même dans les rétroviseurs. Je me concentre sur les panneaux de signalisation, je suis vigilante aux intersections, je freine comme il faut, je ne colle pas trop la voiture qui roule juste devant moi. J'ai en permanence, en surimpression sur le pare-brise, l'image de mon bébé attaché sur un lit d'hôpital. Je vois ses petits yeux qu'il n'ouvre presque plus. Il n'en a plus la force. Tout en conduisant, je me parle à moi-même. « Ils font ce qu'il faut. » « Micka est avec lui. » « C'est le matin, il va y avoir plus de médecins, ils vont lui faire plus d'examens. » Et ainsi, j'arrive chez moi.

Je suis comme un zombie. Une étrangère dans ma maison. Les petites lumières dans ma tête s'éteignent les unes après les autres, je ne pense plus, je ne sais même plus pourquoi je suis là. Je prends une douche et je m'allonge, en peignoir, sur mon lit. Voilà, j'ai fait ce que Micka m'a conseillé. C'est pour ça que je suis rentrée, et c'est bon, mission accomplie. Quoi maintenant ? Je tiens mon portable dans ma main. Je voudrais dormir, parce que je sens que c'est nécessaire pour que j'aie des forces, pour que je puisse être forte près de Nolan, plus tard dans la journée. Mais je voudrais déjà retourner à Beauvais sans attendre. C'est mon devoir. Et c'est ma place : près de mon bébé. Comme si j'étais plus qu'une boxeuse aux mains liées. Comme si je pouvais parer les coups que la maladie lui porte et qui l'épuisent. Ce n'est pas vrai. Je suis juste impuissante, enroulée dans mon peignoir sur mon lit. Je ne sers à rien. Mon téléphone sonne. C'est Micka. « Reviens vite. Nolan part en hélicoptère à Amiens. »

*
* *

Je crois que je suis devenue adulte en une nuit. J'étais une jeune mère – trop jeune –, je me connaissais mal, je m'écrasais systématiquement devant les plus vieux que moi, ceux qui avaient une expérience dont j'étais dépourvue, ou même devant n'importe qui capable de montrer plus d'assurance que moi. Et ce n'était pas difficile. Mais je suis devenue adulte d'un coup et c'est comme si j'avais défait les cordes autour de mes poignets. Je l'ai compris sur la route du retour vers Beauvais : dès que j'avais entendu la voix de Micka, l'urgence de son message, j'avais bondi, en un instant j'étais prête, je savais quoi faire, dans quel ordre et pourquoi. J'étais devenue efficace. Tout à coup, c'était clair : je prendrais sans doute encore des coups, mais je ne resterais plus sans réagir.

Quand je suis arrivée, Nolan n'était déjà plus dans sa chambre, mais il n'était pas encore parti en hélicoptère. « Ils lui font des examens », m'a dit Micka.

Le rapport du pédiatre de l'hôpital dira : « À 12 heures, à l'occasion d'un pic fébrile à 38,7°, Nolan est très tachycarde (> 200). » Encore un mot que je ne maîtrise pas. Tachycarde : son cœur s'est emballé. Comme quand on a couru trop vite, d'un coup. Est-ce qu'il a eu mal ? En tout cas, les médecins se sont affolés. Le rapport précisera : « Trouble hémodynamique central et périphérique. » Ça veut dire que son sang ne circulait plus comme il faut. L'examen qu'ils lui ont fait alors, c'est une échographie de l'abdomen. Maintenant je me dis qu'ils auraient pu en faire une plus tôt ; aller voir dans son petit corps comment ça se passait, puisqu'il montrait qu'il avait mal au ventre, depuis des jours.

Cela fait deux ans et demi que Nolan repose au cimetière de Breteuil, et tant de choses sont arrivées dans ma vie depuis… Je devrais vivre tournée vers l'avenir, à commencer par le présent, le quotidien qui m'offre tellement de raisons de sourire, mais je ne peux pas m'empêcher de revenir à Nolan, encore et toujours. Je replonge dans ce parpaing de rapports médicaux pour les besoins du livre. Pourquoi ont-ils tellement attendu avant de lui faire une échographie ? Évidemment c'est facile, après coup, de donner des leçons. D'affirmer haut et fort : voilà ce qu'il aurait fallu faire. D'ailleurs, je ne suis même pas sûre que ç'aurait aidé. Je ne suis pas médecin. Je ne le serai jamais.

Le rapport donne encore plein de détails techniques. « Devant ce tableau de fièvre associée à une diarrhée sanglante, prolapsus rectal et pancolite, peuvent être évoqués une maladie inflammatoire du côlon ou un SHU débutant sans anomalie hématologique. » Je n'y comprends rien, même avec l'aide d'Internet, tout ce jargon que je n'ai jamais entendu de ma vie n'a aucun sens.

Ce jour-là, dans un couloir à l'hôpital, un médecin m'a dit beaucoup de choses, il a énuméré toutes les possibilités, tout ce qui pouvait expliquer l'état de santé de mon fils. Il a même dit : « Nolan a peut-être déclenché une maladie génétique. » Des peut-être, toujours et encore des peut-être. Ce savant n'avait que des hypothèses à la bouche.

Je cherche « SHU » dans Google. Je trouve quelque chose sur le site du ministère de la Santé : « Le syndrome hémolytique et urémique est une maladie le plus souvent d'origine alimentaire, rare en France mais potentiellement grave aux âges extrêmes de la vie. Elle est la principale cause d'insuffisance rénale aiguë chez les enfants de moins de 3 ans. C'est une maladie à déclaration obligatoire dans le cadre des toxi-infections alimentaires collectives. Deux catégories d'aliments sont notamment en cause : les viandes hachées et les produits à base de lait cru [1]. »

1. Le site précise en outre que « le SHU [syndrome hémolytique et urémique] constitue une complication grave d'un épisode de diarrhée souvent sanglante, pouvant évoluer dans 10 % des cas vers une anémie hémolytique, une thrombopénie

L'explication était donc là. Mais les médecins n'étaient encore sûrs de rien. Peut-être ci, peut-être ça… Je ne leur en veux pas. J'ai passé assez d'années à me culpabiliser moi-même, je ne vois pas l'intérêt d'accuser ceux qui ont essayé de sauver Nolan. En tout cas, un de ses reins était déjà mort.

(baisse des plaquettes) et une insuffisance rénale aiguë, qui constituent les principales caractéristiques du SHU. Néanmoins, le taux de mortalité est actuellement inférieur à 5 % dans la littérature et à 1 % en France. »

6

Quand la vie devient « NON SATISFAISANTE »

À ce moment-là, toute mon attention est tournée vers mon fils. Je ne sais rien de ce qui se passe dans le monde. D'ailleurs je vais être honnête : je me fiche complètement du bonheur comme du malheur des autres. Pour moi, la Terre s'est juste arrêtée de tourner. Je ne sais pas que ce qui arrive à mon enfant arrive aussi à d'autres – heureusement dans des proportions moins dramatiques. Je ne sais pas encore ce que j'apprendrai plus tard grâce à notre avocate, Mᵉ Florence Rault.

Comme toute société produisant des denrées alimentaires, l'entreprise qui a fabriqué le steak haché qu'a mangé Nolan était soumise à des contrôles, des analyses microbiologiques réalisées par un laboratoire. Ces tests visent à s'assurer que le produit ne présente pas de danger pour ses consommateurs. Ils ont bien été réalisés sur le lot fabriqué le 11 mai 2011 dont est sorti le steak que j'ai acheté dans un magasin Lidl où je fais toujours mes courses, que j'ai bien mis au congélateur aussitôt en rentrant, et que mon père, à ma demande, a donné à mon petit garçon.

Ces analyses effectuées dès le lendemain de la production du lot, soit le 12 mai 2011, cherchaient notamment un germe spécifique dont le nom barbare reste illisible à mes yeux : « *Escherichia coli β* glucuronidase/g (NF ISO 16649-2) ». Ce qui est très lisible, et tout à fait clair, en revanche, dans le rapport daté du 16 mai, c'est que ce germe était présent au nombre de 770 par gramme pour un critère – admissible – de 50. Ce qui est encore plus visible, parce que c'est écrit en gras et en lettres majuscules dans le rapport d'analyse, c'est que « la qualité bactériologique » était « NON SATISFAISANTE ».

Deux mots. Juste deux mots. Deux mots un peu faiblards pour la gravité du risque encouru en cas de consommation, mais c'est comme ça, paraît-il, et ces deux mots sont censés alerter les fabricants, leur faire dire : « Stop, on arrête tout, la viande ne sort pas de l'usine en l'état ! » Deux mots, en lettres majuscules et en gras dans la page, qui auraient pu, s'ils avaient été lus, et pris en compte, éviter ça.

Je suis au chevet de mon fils malade, et j'espère qu'il n'est pas mourant. Je ne vais pas remplir mon chariot au supermarché où j'ai mes habitudes. Si j'y allais, je verrais, placardée sur la porte du magasin, une affiche d'alerte. Un texte qui doit être lu, lui, par tous les clients passés par là récemment, et qui ne reprend pas les deux mots « non satisfaisante », mais qui résume plus clairement la situation : « Important, rappel de produit, steaks hachés surgelés… » etc., avec cette mention qui me paraît tellement dérisoire aujourd'hui : « Si vous avez acheté ce produit, ne le consommez pas et rapportez-le au magasin Lidl le plus proche où vous serez remboursé avec ou sans ticket de caisse. »

Le supermarché prenait soin de ses clients. Il leur avait vendu un produit à ne surtout pas consommer mais il voulait bien le reprendre, et même le rembourser. Si seulement les choses avaient pu être aussi simples… Si j'étais allée faire mes courses, moi aussi, sans avoir consommé les steaks, si j'avais reconnu la boîte sur l'affiche comme celle qui dormait dans mon congélateur, s'il avait suffi que je rentre à la maison et que je constate que le paquet était plein… Je n'aurais peut-être pas été plus soulagée que ça. C'est peut-être d'abord l'agacement qui l'aurait emporté. « Alors quoi, on nous vend des trucs et ce n'est qu'après qu'on vérifie si c'est bon ! » Je l'aurais peut-être juste mis à la poubelle sans même prendre la peine de le rapporter au magasin, pour quelques euros…

C'est quasiment sûr, voilà le choix que j'aurais fait, parce que ça m'aurait coûté plus cher en essence d'y retourner que de simplement m'en débarrasser. Si seulement Nolan n'avait pas déjà avalé cette bactérie… J'ai des « si » plein la tête et plein la bouche, ils me mettent les nerfs en vrille. Pour rien. Le magasin n'y était pour rien. Aujourd'hui, dix ans plus tard, c'est encore là que je vais faire mes courses.

Voici un autre document que je pourrai consulter grâce à Me Rault : la lettre écrite le 15 juin 2011 à Guy Lamorlette, le P-DG de la société SEB [1], productrice des steaks hachés, par les services de l'État chargés de la « sécurité et qualité des aliments ». Le but est de rappeler à la société sa responsabilité dans le retrait des produits concernés. Elle s'achève sur une information susceptible de motiver à obtempérer sans délai : « Le fait pour un exploitant de mettre sur le marché un produit d'origine animale ou une denrée en contenant préjudiciable à la santé au sens de l'article 14 du règlement (CE) n° 178/2002 du Parlement européen et du Conseil du 28 janvier 2002 ou de s'abstenir de mettre en œuvre des procédures de retrait ou de rappel d'un tel produit qu'il a importé, produit, transformé ou distribué, en méconnaissance de l'article 19 du même règlement communautaire, est puni de quatre ans d'emprisonnement et de 75 000 € d'amende. » Le début de cette

1. Pour présenter son entreprise à la police judiciaire lors de son audition le 11 octobre 2011, Guy Lamorlette dira : « La société SEB (Société économique bragarde) est une société de boucherie industrielle créée en 1966 par moi-même et qui a évolué au fil des années pour arriver aujourd'hui à son activité industrielle. Elle employait 140 personnes plus une quarantaine d'intérimaires jusqu'au 20 juin 2011. Elle produisait 200 tonnes par semaine de steaks hachés et de hamburgers, plus une cinquantaine de tonnes de produits annexes qui sont saucisserie, viande fraîche sous vide, différents morceaux préparés. Elle faisait un chiffre d'affaires annuel de 75 millions d'euros. »

phrase, c'est du jargon juridique comme je n'en lis jamais, évidemment, parce que je n'ai jamais la moindre raison d'en lire, mais j'en comprends le sens quand même : on ne vend pas du poison. Et la fin de la phrase, elle, est limpide. Quatre ans de prison.

Ce jour-là, mercredi 15 juin, quelques jours seulement après qu'il a mangé le steak, je ne sais encore rien de ce que sera le calvaire de mon fils. Je ne devine même pas ce qu'il se passe dans les bureaux de l'enseigne qui a vendu la viande, le branle-bas de combat, la panique. On m'en aurait parlé à ce moment-là, je n'aurais probablement pas écouté. Je ne vois que mon fils dans sa souffrance et des médecins qui me semblent tous plus largués les uns que les autres. Je suis comme eux, je n'ai que des questions. Je ne sais pas pourquoi Nolan a si mal, pourquoi personne ne semble comprendre ce qu'il se passe, et j'ignore complètement, donc, que les services sanitaires ont lancé une alerte pour prévenir que quelque chose de terrible pourrait arriver si les steaks ne sont pas immédiatement retirés des points de vente. Mais en fait, quelque chose de terrible est déjà en train d'arriver. Nolan en mourra.

* * *

J'ai oublié beaucoup de choses, avec le temps, les opérations, les problèmes d'argent, les vacances qui n'en étaient jamais vraiment, l'inquiétude permanente, le chagrin. C'est peut-être mieux comme ça. Mais il y a des images fortes qui restent. Des images d'horreur.

Après ces premiers jours d'hôpital, bien plus tard, il y aura aussi de bons moments avec Nolan. C'est ceux-là que j'ai envie de garder pour toujours, mais j'ai compris que je ne dois pas essayer d'effacer les autres pour autant. Ils font partie de l'histoire de Nolan. Et de la mienne. Là encore, à moi de vivre avec. Pour l'instant, je ne sais pas encore très bien ce que je peux faire des mauvais souvenirs. Ils reviennent sans que je sache pourquoi, à tout moment. Je suis en train de faire la vaisselle, je suis en route pour aller chercher Sullyvan à l'école, je joue avec Louanne sur son tapis d'éveil, je fais la queue pour payer mes courses, et hop, ça arrive, une image, une odeur, ça fait mal. Depuis ce mois de juin 2011, j'ai beaucoup vieilli, par la force des choses, et je suis même devenue maman à nouveau. Sullyvan est né le 11 décembre 2013 et pour moi, la vie avec ce bébé et avec Nolan, c'était encore la vie avec Nolan. Rien n'est plus pareil maintenant qu'il est parti. Micka et moi, on essaie d'avancer, un jour après l'autre. On a même mis un autre petit en route, une petite fille, Louanne, qui nous a rejoints le 11 avril 2021… Mais on reste un peu comme deux accidentés de la route qui auraient passé des années cloués dans un fauteuil et qui réapprennent péniblement à marcher. Sauf qu'on a perdu Nolan pour toujours. Et qu'il nous manque tellement.

À Beauvais, le 14 juin 2011, on a pu lui dire au revoir avant qu'il soit embarqué dans l'hélicoptère. Il nous regardait mais ne réagissait plus du tout. Nous avons cherché à le rassurer par des paroles auxquelles on voulait croire avant tout : les docteurs s'occupaient de lui, et nous, on allait venir le retrouver très vite. On s'est mis en pilotage automatique pour rouler jusqu'à Amiens – il faut une heure. Je pensais que la maladie de Nolan était prise au sérieux, enfin, parce qu'on ne dérange pas un hélicoptère pour rien. J'essayais de me rassurer comme ça, mais je n'y croyais pas vraiment. Micka ne disait rien. C'est un homme qui ne parle pas beaucoup en général. Et là encore moins que d'habitude. C'est un homme qui est là. Qui fait les choses. On peut compter sur lui, il ne se défile pas. Il est solide. Mais parler, rassurer, consoler, encourager, ça non, il ne sait pas faire. Il avait téléphoné à Magali, sa sœur aide-soignante, pour lui dire que Nolan était transféré au CHU d'Amiens. Quand nous sommes arrivés, elle nous avait devancés.

Nolan a fait un arrêt cardiaque dans l'hélicoptère. Les médecins ont relancé son cœur, alors il est vivant, mais il est dans le coma. Avant même que j'aie pu voir mon fils, un docteur nous l'a expliqué. Je me souviens de cette phrase : « La situation a changé. » En pire en l'occurrence. C'est comme un coup de plus sur la nuque. Une charge supplémentaire sur les épaules. Ça commence à faire beaucoup. Au bout de combien on lâche ? Non, on tient encore debout. C'est fou. Arrêt cardiaque. Le cœur s'arrête. La vie s'arrête. Un massage, hop, la vie repart. Et donc quoi ? Fausse alerte ? Même pas mal ? Il ne s'est rien passé ? Si, il s'est passé ça : le petit cœur de mon petit garçon dans sa toute petite poitrine a cessé de battre, et des mains d'adultes, larges et puissantes, ont fait ce qu'il fallait pour réamorcer la pompe. On en est là. Nolan n'est pas mort. Il a failli mourir, mais non, alors on ne s'écroule pas. Notre fils vivant a besoin de ses parents, nous sommes là.

Je demande où est Nolan. Tout à coup, il n'y a plus que ça qui compte : le retrouver. Le voir, même en piteux état, mais constater par mes propres yeux que ce que raconte ce médecin est vrai : le cœur de Nolan bat. Magali nous guide jusqu'au service où il est pris en charge. Elle marche devant nous et quand elle l'aperçoit derrière une vitre, elle se retourne brusquement pour m'empêcher d'avancer. « Magali, j'ai besoin de le voir. » Mais selon elle, ce serait trop choquant. Elle s'interpose, elle met sa main sur mes yeux, elle me persuade de m'éloigner un peu, pour mon bien. « Écoute-moi, Priscilla, fais-moi confiance, c'est mieux que tu ne le voies pas pour l'instant. » J'accepte de reculer. Magali est de notre côté. Je sais que j'ai l'air d'une folle. Que je suis comme un animal. On m'a enlevé mon petit. Je ressens dans mon corps tout entier la peur qu'on ne me le rende pas vivant. Je ne vois plus les choses qu'en blanc ou en noir : vivant ou mort. Il ne me vient pas à l'idée que je vais passer les huit prochaines années dans une zone gris foncé.

7

Désigner les coupables

Nolan est parti à nouveau pour trois heures d'examens. Pendant trois heures, des étrangers vont manipuler son petit corps endormi. Et puis il sera allongé à nouveau sur un lit trop grand pour lui et nous pourrons nous tenir à ses côtés. Je ne me souviens pas de tout. Je revois Micka, ses yeux noirs comme ceux de Nolan qui regardent tout et qui ne regardent rien en même temps. Qui ne regardent pas les gens. Il est un peu timide, Micka. Ce chamboulement, ces médecins, l'impuissance qu'il ressent, ma panique, c'est beaucoup pour lui, mais il est là, comme toujours, debout, fiable, je me raccroche à sa seule présence et j'essaie de ne pas voir qu'il a aussi peur que moi. Je ne suis plus tout à fait la même, soudain. Des forces montent en moi. Je lève les yeux, je regarde les têtes qui sortent au-dessus des cols des blouses, je comprends qu'elles sont concernées par ce qu'il se passe. Il y a de la gravité partout. Magali demande des renseignements de tous les côtés, elle fait le va-et-vient entre les soignants et nous, elle prend beaucoup de place dans le couloir et dans notre vie, comme elle le fait depuis que je suis avec son frère, avec maladresse souvent, mais sans la moindre méchanceté. Les parents de Micka aussi sont présents, arrivés en panique, et trois de mes sœurs, celles qui pouvaient venir. Elles donnent des nouvelles aux autres dès qu'elles en ont, elles se tiennent prêtes, elles se sentent concernées : le Nono de Priscilla est à l'hôpital, c'est un événement.

*
* *

Mon petit garçon est dans le coma, avec des tubes dans le nez, dans les bras, des machines plus grosses que lui partout autour de son corps abîmé. Des machines qui le gardent en vie et qui surveillent sa vie à la fois. Les médecins ne nous parlent pas. Ils ne nous donnent pas d'explication plus claire en tout cas. On me passe quelqu'un au téléphone, « C'est important », me dit-on, pour comprendre de quoi souffre Nolan. Cette personne a besoin de me poser des questions dans le cadre de son enquête. Elle me demande : « Est-ce que Nolan a mangé des produits laitiers récemment ? » Oui, forcément, un enfant de 2 ans, il a mangé des yaourts, des petits-suisses, avec du sucre dedans. « Il a mangé des œufs ? » Oui, des œufs aussi. En omelette, au plat, il a trempé de la mie de pain dans le jaune, il a étalé le jaune dans l'assiette, comme si c'était de la peinture couleur soleil. Il s'est régalé. « Et du steak haché ? Est-ce qu'il a mangé du steak haché récemment ? Parce qu'il y a d'autres malades dans la région. D'autres petits malades qui ont mangé du steak haché. » Oui, il a mangé de la viande hachée. Du surgelé.

On me demande alors si j'ai conservé l'emballage. Les yaourts, les œufs, non, ça n'intéresse pas l'enquêteur, mais les steaks, je sens bien que c'est une autre affaire. Il y a quelque chose à confirmer. « Bien sûr que j'ai gardé le paquet, parce qu'il en reste plein dans la boîte. » J'ajoute qu'il a aussi consommé de la viande hachée chez sa tante, quand elle l'a gardé le soir du vendredi 10 juin. « De Lidl aussi ? — Oui, ma belle-sœur fait ses courses chez Lidl, comme moi. » Après avoir raccroché, j'en parle à Magali qui s'affole : « C'est ma faute, c'est ma faute ! »

D'après ce « quelqu'un » au téléphone, il y a sept enfants atteints dans le nord de la France. Sept enfants malades ? Sept enfants qui se tordent de douleur depuis des jours et des jours ? Sept enfants dont le cœur a cessé de battre ? Je ne comprends pas. La viande hachée ne s'attaque qu'aux petits ? Parce que mon père aussi en a mangé. Et Magali, et son mari, et même leurs deux filles qui ne sont pas bien grandes ! Ils vont bien, donc ça ne peut pas être ça. Une blouse blanche m'explique que les jeunes enfants sont touchés par un certain type de bactérie parce qu'ils n'ont pas assez de défenses immunitaires. Cette bactérie, apparemment, se trouvait dans la viande. Des analyses sont en cours. Je me dis qu'on a empoisonné mon petit.

Le temps passe lentement, et vite à la fois. Lentement quand je regarde mon fils qui a l'air sans vie sur ce lit. Ses mains minuscules, ses pieds qu'on adore chatouiller, ses genoux tout ronds. Mais le temps passe trop vite quand il faut répondre aux questions. Mon cerveau fonctionne au ralenti. Je voudrais ne m'occuper de rien d'autre que de Nolan, même si je suis complètement impuissante, même si ma présence à ses côtés se limite à attendre. Voilà, je ne veux rien faire d'autre qu'attendre. Attendre qu'il se réveille, l'habiller et rentrer à la maison comme si de rien n'était. Mais les informations qu'on nous lâche sont mauvaises. « Il a déjà perdu un rein. » Ça veut dire qu'il n'y en a plus qu'un qui fonctionne, et que si l'autre lâche, il devra vivre sous dialyse ou bien subir une greffe à condition de trouver un donneur compatible. Un rein « perdu » à cause de la bactérie. Pourquoi la bactérie n'attaquerait-elle pas l'autre rein dans ce cas ? Est-ce qu'elle est du genre paresseux ? Est-ce qu'elle fait les choses à moitié ? Je la trouve très agressive, moi, au contraire, et vicieuse : depuis le début, elle avance masquée, elle fait ses coups en douce, l'air de rien, mal ici, mal là, mais elle s'est bien gardée de frapper fort d'emblée, pour qu'on ne se rende pas compte de sa présence. Et vlan, le rein, le cœur.

Un peu plus tard, un médecin s'adresse à Micka et à moi, mais à moi surtout, pourquoi ? « Il est entre la vie et la mort. » Micka et moi, on se regarde. Je vois que lui préfère ne rien entendre de plus, ne pas savoir. Moi, si.

« Mais alors, il va s'en sortir ?

— On ne sait pas. »

*
* *

La personne que j'ai eue au téléphone travaille pour les services sanitaires et, dans le cadre de l'enquête pour déterminer les responsabilités, mais surtout déterminer ce qu'il faut faire, pour Nolan, pour les autres petits malades et pour le reste de la société, mon assistance est demandée. Je dois rentrer à la maison parce que quelqu'un va venir faire des prélèvements sur les steaks hachés qu'il reste dans le congélateur. Ce sont des steaks de la marque Country, la même que ceux consommés par les autres petits malades. Qu'il les prenne tout entiers ! Je vois le technicien repartir avec les boîtes dans sa glacière, comme s'il allait faire un pique-nique.

Je cherche un coupable, tout de suite. Et j'en désigne un : moi. C'est moi qui ai acheté ces steaks hachés, donc c'est ma faute si Nolan est dans cet état. Cette culpabilité, il va me falloir des années pour m'en défaire. Magali est soulagée : ses steaks proviennent du même magasin que les miens, mais pas du même fabricant, elle n'est pas en cause, elle respire. Elle est humaine : elle éprouve du soulagement pour elle-même, elle ne cherche pas à m'accabler et ne le fait pas, simplement elle respire. C'est étrange : je me dis que si l'empoisonnement était venu de chez elle, je ne lui en aurais pas voulu. Que j'aurais juste pensé que c'était la faute à pas de chance, qu'elle n'y aurait été pour rien. Et pourtant, dans ma tête, ça ne fait pas de doute : même si je sais que d'autres enfants sont malades et que je n'ai pas nourri ces enfants-là, c'est moi la responsable de l'état de Nolan.

Je ne regarde pas beaucoup la télévision, je l'ai dit, sauf les infos. Ce soir-là, des journalistes évoquent déjà « l'affaire » : par précaution, on demande aux personnes qui ont acheté des steaks de la même marque de les rapporter dans les magasins. Les recommandations passent à la radio, je les écoute dans la voiture en retournant à l'hôpital. Les mots « bactérie » et « *Escherichia coli* », qui sont prononcés plusieurs fois, je les ai entendus il n'y a pas si longtemps avant que Nolan tombe malade. Les soignants me le confirmeront. « C'est grave, c'est comme l'affaire des concombres. Beaucoup de gens sont morts. » Un mois plus tôt, en mai 2011, plusieurs personnes ont été hospitalisées dans le nord de l'Allemagne pour les mêmes symptômes que ceux de Nolan. Et plusieurs n'en sont pas sorties vivantes. Je me souviens que c'était la psychose en France. Qu'il ne fallait plus manger de concombre [1]. Maintenant

1. Un article du quotidien *Le Monde* rapportait, le 31 mai 2011 : « La bactérie *E. coli* [*Escherichia coli*] entero-hémorragique

on me dit que la bactérie *E. coli* se trouvait dans mon congélateur, et que c'est moi qui l'y ai fait entrer en achetant ce produit-là. Dans la famille, autour de nous, il se passe ce qu'il se passera dix ans plus tard, lors de l'épidémie de Covid-19 : tout le monde est spécialiste. Il y en a déjà qui se croient capables d'expliquer les choses, comme des savants plus savants que les médecins de l'hôpital. Parmi nos proches, beaucoup émettent des hypothèses parce qu'ils ont du mal à rester sans réponse eux aussi. Mais ils ne doutent pas d'une chose : « Si le steak est bien cuit, la bactérie, elle meurt. » Ils m'assènent leurs certitudes sans imaginer qu'elles m'ébranlent. Ils me questionnent et me portent le coup de grâce : « Priscilla, tu l'as bien fait cuire, le steak ? »

*
* *

À propos de Nolan, ce jour-là, l'expertise dit : « L'évolution n'est pas favorable. Apparaissent des troubles de la conscience avec nécessité d'intubation-ventilation, une réanimation cardiaque en raison d'un choc vasoplégique (hypotension), des troubles hématologiques (anémie, baisse des plaquettes, hypocoagulation, déglobulisation, insuffisance rénale). »

(ECEH), qui a déjà fait 14 morts en Allemagne, a été identifiée sur des concombres espagnols vendus outre-Rhin. […] Quelque 352 cas de patients infectés souffrant de troubles rénaux sévères, appelés "syndrome hémolytique et urémique", potentiellement mortels, ont été recensés en Allemagne. »

En résumé : son petit cœur se trouve en grande souffrance et, dans son sang, plus rien ne fonctionne normalement. Un rein ne fonctionne plus du tout, l'autre a du mal… Le lendemain : « Souffrance cérébrale en raison d'une encéphalite diagnostiquée sur l'électroencéphalogramme. »

Son cerveau était déjà atteint. À ce moment-là, pour nous, ça n'était pas clair. Les médecins ne nous disaient pas les choses comme elles étaient. Ils ne répondaient pas clairement à nos questions. Elles n'étaient peut-être pas assez précises. « Est-ce que c'est grave ? » Bien sûr, puisque Nolan était dans le coma. « Est-ce qu'il va se réveiller ?

— Pour l'instant, on le maintient dans le coma pour qu'il ne souffre pas. Son état est stable. C'est mieux comme ça, tant qu'on n'en sait pas plus. »

On n'a pas demandé comment il serait, après. Pour nous, Nolan est Nolan, et Nolan, à ce moment, est malade. L'idée qu'il puisse rester lourdement handicapé ne nous est pas du tout passée par la tête. Il avait perdu un rein, OK, mais des reins, on en a deux, et beaucoup de gens vivent avec un seul rein sans problème particulier. Il était dans le coma, OK, mais on sait tous que des gens sont tout à fait normaux après une période de coma. Nous n'avons pas demandé franchement : « Est-ce que son cerveau est abîmé ? » Si on l'avait fait, est-ce que les médecins auraient répondu « oui », juste oui ?

J'ai compris ça au cours de toutes ces années : les médecins n'affirment que ce dont ils sont certains à cent pour cent. Et encore, même dans ces cas-là, il arrive qu'ils se trompent et ils le savent, alors ils se taisent. La vie, ce n'est pas une science exacte.

8

Culpabilité non partagée

Je ne l'ai pas fait cuire du tout, le steak. Je n'étais pas là, je travaillais.

Mon père et mes sœurs prennent des nouvelles tout le temps. Ils sont aussi impuissants que nous, mais ils sont impuissants de chez eux, et ils n'ont rien d'autre à faire que se poser des questions, s'inventer des réponses, se donner des nouvelles qui n'ont rien de nouveau puisqu'on ne sait toujours pas comment la santé de Nolan va évoluer.

Ils regardent les informations à la télévision : les journalistes ne parlent pas des consommateurs, ils nous accordent directement un autre statut en nous appelant « les victimes ». Ils évoquent la bactérie, les steaks de la marque Country en provenance des supermarchés Lidl, ils donnent le nom de l'entreprise qui les a fabriqués – la SEB-Cerf –, ils cherchent la cause, le responsable. Mon père pense que c'est lui et personne d'autre, puisque c'est lui qui a mis le steak dans la poêle, ce jour de début juin, alors qu'il gardait Nolan. C'est lui, et je le plains, lui qui est maintenant perdu à se demander quelle erreur il a commise pour que son petit-fils se retrouve « entre la vie et la mort » dans un hôpital. Est-ce qu'il n'aurait pas assez bien fait cuire ce steak ? Pour moi, mon père n'a rien à se reprocher. Et puis qui a fait quoi, quelle importance ? C'est moi la mère, et c'est moi qui ai pioché dans le rayon des surgelés du supermarché la boîte de steaks du lot incriminé. Mauvaise pioche. De là, j'en arrive vite à la conclusion que je suis une mauvaise mère. C'était à moi de protéger mon fils. Comme les hypothèses, les scénarios qui se télescopent dans ma tête m'épuisent et me mettent les nerfs en pelote, j'en arrive vite à cette conclusion : la coupable, c'est moi.

Il y a beaucoup de journalistes devant l'hôpital. Pour eux, pour l'instant, mon fils n'a pas encore de nom. Mais ils savent que plusieurs enfants sont malades et que l'un d'eux pourrait ne pas survivre. Voilà, c'est le mien. Pas plus mignon qu'un autre, pas plus important, sauf pour moi, évidemment. Pour moi, cet enfant-là, il est tout. Sur les réseaux sociaux, des gens qui ne me connaissent pas laissent des commentaires pleins de bêtise et de méchanceté. Mes sœurs me mettent en garde, elles me conseillent de ne pas les lire, mais je ne peux pas m'en empêcher. « Quelle idée d'acheter de la viande hachée pour son bébé chez Lidl ! » « Elle sait pas cuire un steak, la mère ? » « Faut pas s'étonner… » J'ai des images d'animaux qui me viennent. Ces gens, souvent anonymes, qui se lâchent sur les réseaux, ce sont des hyènes, des vautours, des serpents. Pourtant, même ces animaux-là, aussi détestables soient-ils, ont un cœur. Ces gens qui jugent, qui condamnent sans rien savoir, ils ont dû perdre le leur quelque part. Je me dis que je m'en fous, mais je sais que je ne m'en fous pas. Ils sont la goutte d'eau qui peut faire déborder le vase. Je ne les ai pas attendus pour me désigner moi-même responsable de l'état de mon enfant. Maintenant chargée de leur méchanceté et de leur bêtise, je dois pourtant tenir bon et me concentrer sur mon fils. Moi qui suis tellement ordonnée à la maison, presque maniaque, on mangerait par terre, je pense à des insectes répugnants, et ça ne concerne pas les internautes. J'imagine la bactérie comme une armée de petits cafards qui grignotent le corps de mon bébé, à l'intérieur. Il a beaucoup maigri. Il est toujours dans le coma, son état est stable, apparemment. Ses paupières restent fermées. Il y a des tubes, des tuyaux partout sur son corps, des machines qui font du bruit en permanence. Le 16 juin, Nolan est transféré en ambulance à Lille, près des autres malades. On suit.

***

La famille… Il y a des gens autour de nous qui ne nous veulent que du bien et qui ne demandent rien en échange de ce qu'ils font pour nous aider. Il y en a d'autres qui attendent des compensations, ou qui en réclameront. Ils ne le disent pas ouvertement. Ils ne le savent peut-être même pas encore, d'ailleurs. Ils agissent sans trop réfléchir, à l'instinct. Ils pensent qu'ils sont généreux et que c'est sans arrière-pensée qu'ils sont présents et qu'ils nous aident. Je ne doute pas qu'ils soient sincères, dans le fond, mais une petite voix me prévient : un jour, il faudra leur dire merci. Leur décerner une médaille pour leur attention et leur dévouement. Leur attribuer le statut de victime. J'ai mon père et mes sœurs tous les jours au téléphone. Je sais qu'ils s'inquiètent, qu'ils pensent à nous, et que certains, même, prient. Je ne leur en demande pas plus et leur soutien me fait du bien. Magali et les parents de Micka sont très présents, très actifs, ils font beaucoup de bruit. Ils ont le sens de la famille et ils le montrent. Chacun à sa manière.

Il n'y a qu'une seule victime, c'est Nolan. « Entre la vie et la mort », répètent les médecins. Pas mort, mais plus complètement vivant. Donc, déjà, ce n'est plus Nolan. À ce moment, en tout cas. Je me dis qu'un jour, à nouveau, s'ils arrivent à le sauver, c'est mon petit garçon que je retrouverai, le Nolan que je connais, qui parle, qui rit, qui joue. Qui danse dans le salon en tournant sur lui-même. Je n'ai pas fait d'études, je ne sais pas ce que les médecins savent déjà et qu'ils ne m'avouent pas. Que même s'ils sauvent mon bébé, il ne sera plus jamais pareil. Le mot « handicap » n'a pas encore été prononcé. Pour l'instant, la seule chose qui est clairement dite, c'est que Nolan va peut-être mourir.

Nous croisons d'autres parents de petits malades. Ils ont le même regard plein d'effroi que celui que je vois sur le visage de Micka et dans le miroir des toilettes quand je me lave les mains. Certains enfants atteints ont des problèmes rénaux inquiétants, mais d'autres sont déjà sûrs de sortir demain, dans deux jours, très vite en tout cas. Surtout, aucun d'eux ne se trouve dans cette zone grise, « entre la vie et la mort ». Alors je me persuade que même si la guérison doit prendre plus de temps pour Nolan, il n'y a pas de raison qu'il ne s'en sorte pas lui aussi. Micka est ferme, encore plus convaincu que moi, il fait tout pour que j'y croie : « Nolan est très fort. Mon fils ne peut pas mourir. »

Il le peut, puisque ça ne dépend pas de lui. Il ne le veut sans doute pas, parce qu'il ne sait pas ce que c'est, la mort, et c'est sans doute l'instinct de survie qui lui a permis de continuer à respirer alors qu'il souffrait déjà tellement. Mais je voudrais mourir, moi, maintenant. Je m'en veux trop, je voudrais ne plus exister. J'essaie de me raccrocher à toutes les mains qui se présentent, et si elles ne se tendent pas vers moi, je les attrape quand même. Tant pis pour moi si elles ne sont pas prêtes à me soutenir. Je demande à ma belle-mère : « Vous croyez que c'est ma faute ? » Elle baisse les yeux et ne répond rien. Elle ne s'en rend pas compte, elle n'est pas méchante et elle ne me veut aucun mal, elle a tellement peur elle aussi, elle aime tellement son petit-fils… Mais ce silence résonne presque plus durement qu'une accusation franche à ce moment-là. Il faudrait savoir mentir, quelquefois. Savoir dire avec assurance que non, « Voyons, qu'est-ce que t'y peux, c'est la viande, on t'a dit, c'est pas toi ! » Ma belle-mère ne sait pas, elle se tait, elle s'est tue il y a dix ans maintenant, nous n'en avons jamais reparlé ensuite et la douleur est longtemps restée vive en moi.

La psychologue de l'hôpital me reçoit dans son bureau. Les médecins avec qui j'ai parlé l'ont alertée, alors elle se montre à l'écoute : elle s'inquiète de me voir dans un tel état, elle voudrait m'aider à m'apaiser pour que je puisse être utile auprès de mon fils. Je lui répète que j'ai échoué. Elle me fait parler, raconter ma vie, avant Nolan, elle me demande d'où je viens. Je lui raconte un peu Hélène, ma mère, ses grossesses à répétition, son absence, et je lui explique que je pensais pourtant avoir tout fait pour ne pas lui ressembler. D'ailleurs, voyez, elle n'est pas là, près de moi, elle ne me tient pas la main quand je pleure parce que j'ai peur, tellement peur de perdre mon petit. Elle en a eu huit, et si elle avait de l'amour, je pense qu'il s'est dilué à chaque nouvelle grossesse. Elle voulait un garçon. Elle a fait des filles, huit filles, les unes après les autres, tenace, la mère ! J'ai eu un garçon, moi, j'ai réussi là où elle a échoué, mais voilà, il est sanglé sur un lit d'hôpital, « entre la vie et la mort »… La psychologue prononce des mots qui me font du bien : « Vous n'êtes pas comme votre mère. Vous êtes une bonne mère pour Nolan. » Ça fait du bien, mais pas longtemps. Dès que je ressors et que je retrouve Nolan dans le coma, j'oublie ces paroles sages. Quelle que soit la personne qui essaie de me rassurer, je reste persuadée que j'ai mal fait. Même si ma belle-mère m'avait répondu ce que j'espérais entendre d'elle, est-ce que je l'aurais entendue ? Pas sûr…

*
* *

Le ministre de la Santé, Xavier Bertrand, se déplace pour nous parler. Il s'adresse à tous les proches des victimes, mais à Micka et à moi en particulier parce que nous sommes les parents de l'enfant le plus en danger : selon lui, ce qui arrive n'est pas notre faute, d'autres ont mangé le même produit et sont atteints aussi. Est-ce qu'on n'aurait pas fait assez cuire le steak ? Le ministre essaie de nous déculpabiliser : « Certains ont mangé la viande très cuite au barbecue et sont malades quand même. » Il nous donne un numéro de téléphone pour contacter son cabinet, surtout qu'on ne se prive pas. C'est un peu comme quand on propose de l'aide à un vieux voisin en période de canicule : « Vraiment, n'hésitez pas à passer un coup de fil si besoin. » On ne pense pas qu'il appellera. Il n'osera pas.

Et puis quoi, si besoin ? Si besoin quoi ? Si Nolan meurt ? S'il ne meurt pas ? Que peut le ministre pour nous ? Il est très gentil, mais il ne peut rien faire. Le pire, Micka ne veut pas l'imaginer. On n'arrive pas à en parler tous les deux, mais nous sommes soudés autour de notre fils. Sa famille se charge de toute l'organisation concrète, le logement, les repas, et me le fait remarquer. « Tu as vu ? On est là, nous. » C'est vrai qu'Hélène, elle, est complètement absente. J'ai juste envie de mourir. Dans ma tête, les choses sont claires : si Nolan ne rentre pas à la maison, si je ne l'ai plus, lui, comme raison de vivre, je mourrai aussi. Mes sœurs sont très présentes au téléphone, mais pas toujours physiquement. Je me sens seule, je me dis que je n'ai personne, alors à quoi bon ? Nolan est connecté à tellement de machines, de tuyaux, de sondes, de poches, qu'on dirait qu'il n'est qu'une pièce parmi d'autres dans cet assemblage mécanique. Ils changent son sang. Micka et moi passons nos journées près de lui dans l'attente d'une évolution, et il n'y en a aucune.

Je n'arrive même pas à lui parler. Même quand je suis seule avec Nolan dans la chambre, les mots ne sortent pas. Mais on diffuse des chansons et des musiques qu'il aime. Au cas où il entendrait. Il ne réagit pas. Il est dans le coma, il ne se passe rien sauf du temps. Du temps vide, du temps d'attente, d'espoir et de désespoir, ça dépend des heures. On ne voit pas le soleil se lever ni se coucher. Nous sommes comme des robots. Nous allons nous coucher quand on nous dit que c'est l'heure : nous rejoignons le studio que Magali nous a déniché non loin de l'hôpital et, le lendemain matin, nous sommes à la porte de l'hôpital bien avant l'heure officielle des visites. Parce que nous ne sommes pas des visiteurs. Nous sommes les corps qui ont fabriqué le corps de l'enfant de 23 mois entre la vie et la mort. Il est le prolongement de ce qui nous a réunis, ce sentiment qu'on appelle l'amour, il est comme une partie de nous. Nous n'avons pas d'autre raison de continuer à respirer que notre fils.

*
* *

On constate que les membres de Nolan se déforment. « C'est le cerveau », nous balancent les médecins, et je reste là, bouche bée, comme une idiote, je n'ai pas l'énergie d'en demander davantage. Pourtant, dans ma tête, ça canarde. Qu'est-ce qu'il a, son cerveau ? Qu'est-ce qu'il fait, ou qu'est-ce qu'il ne fait plus ? Qu'est-ce qu'il devrait faire si Nolan n'était pas dans le coma ? Le coma, il va durer combien de temps encore ? Et le corps de Nolan, est-ce qu'il va se déformer encore ? Est-ce qu'il redeviendra normal, après ? Et sinon, jusqu'à quel point va-t-il se tordre ? Je ne pose pas de questions parce que je suis trop abattue pour ça, parce que je ne me projette pas dans le temps. Endurer chaque heure qui passe avec mon petit garçon dans cet état est déjà assez pénible. Il n'a même pas 2 ans. Je ne veux pas imaginer ce qui pourrait arriver dans une semaine, ou demain, ou même dans un moment. De toute façon j'ai compris que je n'ai pas le contrôle. Ce qui doit arriver arrivera. Si c'est trop laid, trop dur, je ne suis pas sûre que j'aurai la force de le supporter. Ou plutôt si, je sais que je ne l'aurai pas. Si Nolan part, je partirai aussi.

Parmi tous les mots barbares que contient son dossier médical, il y a l'explication à ses membres qui se déforment : « troubles moteurs spastiques ». Maintenant ses poignets sont repliés vers l'intérieur du bras et ses doigts ne s'allongent plus. Ses chevilles se tordent aussi. Et sa colonne vertébrale. Ce sont toujours les machines qui le maintiennent en vie. On ne nous laisse pas le moindre espoir. Ce n'est qu'une question de temps selon les médecins : « Il va mourir. »

Nous sommes encouragés à signer une décharge à propos d'un nouveau traitement qui vient des États-Unis mais qui n'est pas encore utilisé en France normalement. Selon les médecins, ce traitement ne peut pas aggraver son état, mais ils ne sont pas sûrs non plus qu'il aidera. On est encore dans le domaine de l'expérience, et ce qui a pu fonctionner sur un autre patient ne fonctionnera pas forcément sur notre fils. Je me souviens de leurs mots : « Quoi qu'il arrive, ça ne pourra pas être pire. » Alors, puisqu'il doit mourir, selon eux… On signe, et ils me semblent soulagés. À ce moment-là, on comprend que le traitement, de toute façon, ils l'ont déjà administré. On n'a pas le contrôle sur ce qu'il se passera, on n'a même pas le contrôle sur ce qu'ils ont déjà fait, et qu'ils n'auraient peut-être pas dû faire... Mais on ne le saura jamais, on n'est pas compétents pour le comprendre, on ne le demandera jamais. Ils veulent le sauver, bien sûr. Toute leur existence tend vers cela : sauver des vies. Sauver la vie de Nolan.

Le 7 juillet, puisque Nolan n'est toujours pas mort contrairement aux pronostics, ils essaient de lui mettre une sonde gastrique mais Nolan ne la supporte pas et ils reprennent l'alimentation « par sonde duodénale », c'est-à-dire par le nez. Et maintenant on nous pose la question : « Si on arrête les machines et qu'il n'arrive pas à respirer tout seul, souhaitez-vous qu'on le ranime ? » Nous répondons non. Ce n'est pas une décision si difficile à prendre qu'on pourrait l'imaginer : s'il doit passer des années sur un lit d'hôpital branché à des appareils, sans jouer, sans grandir, sans rien apprendre, ce n'est pas la peine. Micka et moi sommes catégoriques.

Lorsqu'on arrive à l'hôpital le lendemain matin, Nolan est dans son lit et il respire sans aide. Les médecins l'ont débranché pendant qu'on n'était pas là. Je ne sais même plus dire aujourd'hui si nous étions soulagés de le savoir sorti du coma ou furieux parce qu'on ne nous avait pas attendus pour arrêter l'assistance. Nolan est dans son lit, les yeux ouverts, il est conscient mais il n'a aucune réaction oculaire. Il ne suit pas du regard ce qu'on lui montre, il a l'air perdu, il n'affiche aucune sensation particulière, ni de confort ni d'inconfort. Il ne sourit pas quand il entend notre voix, il ne pleure pas, il est juste là. Les soignants nous parlent, ils partagent maintenant davantage d'informations. Ils nous font confiance pour les encaisser et, de toute façon, nous n'avons pas le choix. Ils nous annoncent que Nolan ne voit plus, que la bactérie a créé des dommages dans son cerveau et qu'il est devenu aveugle. Ils ajoutent que ce n'est pas tout, que notre fils aura « des grosses séquelles » sans préciser lesquelles. Quand j'y repense aujourd'hui, les jours où j'ai envie de me persuader qu'ils faisaient pour le mieux, j'imagine qu'ils ne savaient pas. Pour nous, les parents, il n'y avait donc pas moyen d'en savoir plus. Mais certains jours, je pense qu'on nous a caché des choses, peut-être pour nous protéger, peut-être parce qu'on a été jugés incapables de comprendre. Ou parce que tout entendre d'un coup n'aurait pas été supportable. C'est vrai que Micka était dans le déni total : pour lui, Nolan redeviendrait comme avant.

Il l'a pris dans ses bras. J'ai fait une photo. Nolan était complètement inerte, mais très raide en même temps. J'ai donc une photo de notre fils au moment précis du bilan médical suivant : « L'enfant peut être extubé le 08.07.11, la morphine est arrêtée, l'alimentation se fait par sonde, il bénéficie d'un traitement médical (antibiotique, antalgique, anti-hypertenseur, myorelaxant), reprise de la fonction rénale, constantes hématologiques stables, enfant peu réactif, sans contact réel (coma peu réactif, lésions cérébrales). »

Je ne sais pas si j'étais soulagée qu'il soit vivant. Sûrement. Mais je n'imaginais pas du tout alors que sa vie serait un enfer. Tant mieux. Si je l'avais su, je ne me serais peut-être pas autant battue pour le ramener à nous. Le 12 juillet, la Commission des droits et de l'autonomie des personnes handicapées a reconnu à Nolan un taux d'incapacité supérieur à 80 %. Les autres enfants étaient sortis de l'hôpital depuis longtemps déjà. Nolan était la victime la plus gravement atteinte. Il voyait, en fait. La cécité ne faisait pas partie des séquelles, tant mieux. On nous a dit « il est aveugle », et quelques heures plus tard, alors qu'on était effondrés et qu'on essayait juste de se faire à cette idée, on nous a dit : « Non, en fait, il voit. » Une compresse tiède sur nos cœurs douchés à l'eau glacée.

Depuis des semaines, nous avions pris tellement de coups sur la tête que nous ne savions même plus si les coups et les caresses nous touchaient encore. Micka et moi étions comme sonnés.

Mais enfin retrouver Nolan, même avec cet air absent, c'était un peu retrouver Nolan, et cela nous a redonné de l'espoir et, dans l'état où nous étions, c'était déjà énorme. « Il va mourir », nous avaient-ils dit. Les médecins s'étaient trompés en nous annonçant sa mort comme quelque chose d'inévitable. Sur le moment, c'est la seule chose qu'on a retenue. Puisqu'ils s'étaient plantés une fois, ils pouvaient bien se planter sur le reste aussi. Et Nolan pourrait peut-être redevenir comme avant.

9

Des contrôles ? Mais pour quoi faire ?

Pendant ce temps, l'enquête a progressé. Ni Micka ni moi n'avons été capables de nous y intéresser « en temps réel ». Les choses avançaient sans nous, sans même que nous soyons vraiment conscients qu'il se passait quelque chose qui nous concernait pourtant directement.

Nous n'avons été capables, pendant les semaines de coma de Nolan, que de retenir notre souffle. De mon côté, quand je me relâchais, je pleurais, désespérée de voir mon petit garçon hier tellement joyeux et maintenant éteint, comme si on avait appuyé sur un interrupteur. Le reste du temps, quand j'arrivais un peu à relever la tête, j'essayais juste d'être forte pour Nolan et pour Micka qui en faisait autant que moi et ne souffrait pas moins que moi, même s'il était plus habile à dissimuler ses émotions. Mais l'enquête a progressé, donc, pour savoir qui avait fait quoi, ou qui n'avait pas fait ce qui aurait dû être fait. Et pour comprendre pourquoi on en était arrivé à ce désastre. J'ai déjà mentionné les chiffres de l'analyse bactériologique des steaks avec ce résultat « NON SATISFAISANT », qui n'a pas empêché que la viande se retrouve dans les rayons de mon magasin, puis dans mon congélateur, puis dans l'assiette de mon fils... Des choses « non satisfaisantes », il y en a eu tellement d'autres...

Je ne dormais pas. Est-ce que Guy Lamorlette, le P-DG de l'entreprise SEB et de sa filiale, Cerf, dormait mieux que moi ? Le 16 juin, il n'était pas présent dans les locaux de sa société, à Saint-Dizier dans la Haute-Marne, quand monsieur M., le technicien des services vétérinaires, est venu pour « vérifier le respect de leur plan de maîtrise sanitaire et notamment vérifier l'application des autocontrôles ». Ce plan réunit l'ensemble des règles que l'entreprise doit observer avant de mettre un produit sur le marché. Il implique des contrôles, des analyses, selon un protocole très strict qui avait été changé quelques mois plus tôt à la suite d'une visite du même contrôleur des services vétérinaires, et d'une alerte sur un autre lot de minerais de bœuf[1] que la SEB avait dû retirer

1. « Minerai de viande est une dénomination employée dans la terminologie de l'industrie agroalimentaire et désignant une masse agglomérée de 10 à 25 kilos d'ensembles de muscles et de chutes de viande produites exclusivement lors de la découpe, y compris les tissus graisseux y attenant, provenant de viandes fraîches découpées et désossées, réfrigérées, congelées ou surgelées. » (Source : Wikipedia.)

de sa chaîne de production pour cause de présence avérée de bactéries *E. coli*.

Dans ce plan, que la société a transmis aux services vétérinaires, tout semble prévu convenablement. S'il est respecté, il n'y a aucune raison de s'inquiéter. Selon ce document, Guy Lamorlette donne tous les signes qu'il prend le sujet très au sérieux et ne lésinera pas sur les moyens à mettre en œuvre pour assurer la parfaite qualité de ses steaks hachés congelés, et donc la sécurité des consommateurs. Il connaît le sujet, les risques, les causes. Il l'a écrit, noir sur blanc : « La présence de *E. coli* O157:H7 sur les viandes est principalement due à une contamination fécale à l'abattoir. Le protocole est différent selon nos circuits d'approvisionnements en viande, carcasses ou minerais. Sur les produits finis, les analyses seront ciblées sur des contaminations fécales potentielles identifiées sur les carcasses et persistantes après le parage [1]. » S'ensuit le protocole très détaillé des analyses, répétées si le moindre doute subsiste, qui doivent être effectuées sur la viande.

Pourtant, le rapport de monsieur M., après sa visite du 16 juin 2011, est édifiant. Il a repris les résultats d'analyse de la mêlée – le mélange des

1. « En boucherie, le parage désigne l'action de préparer la viande (parer la viande) en lui enlevant les parties non comestibles (excès de graisse d'enveloppe, aponévroses, faisceaux vasculaires et tendineux) avant son piéçage (tranchage des muscles en fonction de leur destination finale : rôti, escalope, steak, côte, etc.) pour la vente au détail. » (Source : Wikipedia.)

viandes – ayant servi à la fabrication des steaks hachés le 11 mai 2011, et a constaté que le résultat pouvait « indiquer une contamination fécale de la mêlée fabriquée ». Selon lui, ce résultat aurait dû alerter Guy Lamorlette sur la nécessité d'effectuer une recherche de germes sur l'ensemble du lot. Et pourtant : « Seules des contre-analyses ont été conduites et ont débouché sur la libération des mêlées. » Il est question d'un terme un peu technique : « STEC, une bactérie qui produit des shigatoxines qui se fixent sur les parois intestinales et sont transportées par le sang vers les reins. » Ce que je retiens ici, c'est que cette toxine est responsable de problèmes rénaux, comme ceux dont souffre Nolan : au moins un de ses reins est fichu, pour toujours. Je retiens qu'il y avait bien un signe, détectable, visible, qu'il existait un risque pour les consommateurs. « Or, il s'avère que cette recherche n'a pas été effectuée », affirme le technicien des services vétérinaires.

Monsieur M. a aussi noté que les recherches d'*E. coli* qui étaient censées être faites de façon systématique sur les minerais (« c'est-à-dire les blocs de viande congelés de 5 à 10 kilos provenant du fournisseur et destinés par le fabricant à faire des steaks hachés », comme il le précise) étaient aléatoires depuis le 1er janvier 2011.

En bref, l'entreprise s'était assise sur ses engagements. Le protocole très sérieux établi des mois auparavant n'était plus respecté. La société en avait rédigé un nouveau, plus léger, et c'est ce protocole qui était suivi alors qu'il n'avait pas été validé par les services de l'État. L'entreprise avait fixé ses propres règles, au mépris du danger pour les consommateurs. Un peu comme si moi, pour aller au boulot, j'avais décidé que je pouvais rouler à 120 kilomètres à l'heure sur une route départementale dans le but de gagner du temps, au risque de créer un accident grave avec une autre voiture et, bien sûr, au risque de tuer des gens.

Est arrivé ce qui ne pouvait manquer d'arriver : un minerai contaminé est passé entre les mailles franchement desserrées du filet des contrôles. De là, des steaks hachés chargés en bactéries ont été fabriqués. Plus rien ne pouvait empêcher alors qu'ils soient commercialisés, achetés par de braves gens, mangés, avec les conséquences qu'on connaît maintenant. Si la plupart d'entre nous conduisons prudemment sur la route, ce n'est pas seulement pour ne pas subir nous-mêmes un accident : c'est aussi parce que nous ne voulons pas causer de tort aux autres, et parce que nous avons peur des contrôles et des conséquences.

*
* *

C'est Laurent Appéré, le responsable qualité de la société, qui a reçu le fonctionnaire des services vétérinaires le 16 juin, et non le grand patron. Il avait sûrement trop à faire. Le P-DG de la SEB a toujours nié la moindre responsabilité dans ce qui s'est passé. Il a peut-être même pensé qu'il suffisait de parler face à une caméra de télévision pour être tranquille. Pour convaincre tout le monde qu'il n'avait absolument rien à se reprocher et se mettre à l'abri de toute poursuite. Interrogé par un journaliste d'une chaîne de télévision locale sur la méthode de fabrication des steaks en question, voici ce qu'il a répondu, sans hésiter, très sûr de lui : « Nous recevons des carcasses des abattoirs qui peuvent être en Belgique, en Hollande, en France… On vérifie qu'elles sont saines, nous les désossons, nous les hachons et nous faisons nos produits, en l'occurrence nos steaks hachés que nous vérifions, que nous analysons. Nous avons apporté la preuve que nous avons fait correctement notre travail et qu'on a été tout à fait dans les règles de l'art dans la vente du produit qu'on a fait. »

La suite prouvera que non, pas du tout… Mais le pire, c'est ce que cet homme se permet d'ajouter alors. On est quelques jours seulement après que l'affaire a éclaté, mais on sait déjà que c'est grave, que plusieurs personnes auront des séquelles à vie au niveau des reins. Et ce que dit Lamorlette, c'est comme un crachat à la figure des enfants malades et de leurs parents. Il donne carrément des leçons, par l'intermédiaire de la caméra et du micro qui lui est tendu : « Ce qu'il faut, c'est prendre les précautions qui sont prévues, bien faire cuire les steaks, ne pas les décongeler pendant quelques jours et les laisser au frigo. Ça, c'est des choses élémentaires qu'il faut mettre en pratique. » « Élémentaires ». Basiques. Évidentes. Comme si les parents des enfants malades étaient complètement stupides de ne pas avoir fait les choses correctement avec ses steaks hachés parfaitement fabriqués, dans le respect des normes imposées... Comme si les parents des petites victimes étaient responsables si leurs enfants se retrouvaient en souffrance à l'hôpital...

On ne connaissait pas encore le nombre total d'enfants touchés, mais on savait déjà qu'il y en avait au moins huit quand Guy Lamorlette s'est exprimé. Ça faisait quand même beaucoup d'adultes qui, à la même période exactement, avaient choisi d'ignorer les règles les plus simples en matière de décongélation ! Dans le même reportage, le journaliste propose aussi à l'avocat de Guy Lamorlette, de donner une explication. Ce dernier, qui avait donc tout fait « dans les règles de l'art », avait quand même engagé un avocat... Qui enfonce le clou. Apparemment, il avait déjà établi une stratégie de défense avec son client : « Il n'y aurait pas de problème si ces steaks hachés surgelés n'étaient pas décongelés avant d'être cuits, et ensuite étaient cuits à cœur pour arriver à des températures qui permettent de tuer les bactéries en question. » Je me demande si cet avocat a des enfants. Est-ce qu'il savoure de bonnes nuits sur l'oreiller moelleux de ses certitudes ?

***

Le 17 juin, soit dès le lendemain de l'inspection des services vétérinaires, la Direction départementale de la cohésion sociale et de la protection des populations, c'est-à-dire, pour faire plus simple, les services de l'État, sous la houlette du préfet, exigeaient de Guy Lamorlette qu'il fasse plusieurs choses « sans retard » dans le cadre de l'alerte : qu'il récupère les produits retirés du marché, qu'il lance des analyses de ces produits au fur et à mesure de leur retour, qu'il envoie toutes les données relatives à la traçabilité des produits fabriqués avec les mêmes matières premières que celles employées pour les steaks du 11 mai, etc.

Une enquête a été ouverte officiellement par le parquet de Lille, puis de Douai. La SEB-Cerf était déjà en difficulté depuis des mois, et Guy Lamorlette ne pouvait plus se faire d'illusions sur l'avenir de son entreprise. Il l'avait créée en 1966 à l'âge de 25 ans. En 2011, c'était déjà un vieil homme. Finalement, la SEB a été mise en redressement judiciaire le 26 juin 2011 – elle sera liquidée le 4 novembre. La fermeture administrative de son atelier a été ordonnée dès le 7 juillet. À partir de là, elle ne pouvait donc plus rien produire et plus rien vendre. Et lui se présentait déjà en victime.

Le 8 juillet, Lidl, qui avait distribué les steaks hachés dangereux de la SEB, écrivait au CHU de Lille pour connaître les noms des enfants atteints afin d'« accompagner les victimes et leurs familles dans la prise en charge des dommages occasionnés par ces problèmes ». *Problèmes*, c'est un mot tout petit pour contenir les souffrances de Nolan et mon angoisse de maman. Mais admettons… On peut dire que Lidl a assumé, en effet, sans chercher à faire porter la responsabilité des intoxications aux parents des enfants touchés. Dans le cauchemar qui ne faisait que commencer, le distributeur a fait jouer les assurances et nous a permis de ne pas sombrer sur le plan financier, et donc de continuer à être présents auprès de Nolan. Ce n'était pas grand-chose, mais c'était déjà ça…

10

Une vérité qui fait mal

Quand on est parent d'un enfant malade à l'hôpital, on ne vit pas au même rythme que les médecins et l'ensemble des soignants. Pour eux, les patients sont des cas. Des dossiers. Ils en ont plusieurs, et même beaucoup. Ils les traitent comme ils peuvent ou comme ça les arrange pour leur organisation ou celle de leur service. Ils font de leur mieux avec les moyens qu'ils ont, j'en suis absolument convaincue. Mais le soir, quand ils rentrent chez eux, ils retrouvent leur vie. J'imagine que certains pensent encore à ce qu'il s'est passé à l'hôpital, comme n'importe qui après le boulot pense à ce qu'il a ou n'a pas fait dans la journée, aux collègues, aux éventuelles difficultés, à ce qu'il reste à régler le lendemain. Je suis même sûre que beaucoup sont tristes, sincèrement tristes, de ne pas avoir pu faire plus et mieux pour certains patients. On l'a vu avec l'épidémie de Covid, la surcharge des hôpitaux, le manque de personnel, de chambres, de respirateurs, on a entendu l'épuisement des soignants. Mais n'empêche, le travail, ça reste du travail.

Quand on est patient soi-même, ou proche d'un patient qu'on aime plus que tout, ce qu'il se passe à l'hôpital, c'est la vie. Toute la vie. Il n'y a plus que ça, pas de sortie possible avant la guérison, peut-être, et encore, on ne sera plus jamais pareil après cette expérience. Ce n'est rien de le dire pour Micka et moi. On a eu un enfant, c'est un trésor, il n'y a rien de plus précieux au monde, et tout à coup, tout s'écroule. Ce n'est pas envisageable de se retrouver pendant des semaines hors de chez soi avec son bébé qu'on n'est pas sûr de voir grandir. Et pourtant, oui, sans qu'on l'ait imaginé une seconde, sans qu'on ait pu l'éviter, ça arrive, c'est comme une explosion et on est complètement impuissant. C'est bouleversant, voilà : on est retourné, on n'a plus aucun repère, qu'un passé dont on préfère presque ne pas se souvenir, au cas où la situation ne redeviendrait jamais « normale ». On n'a plus d'avenir souriant en perspective, et le présent, c'est l'enfer. Il faudrait que les médecins en prennent conscience, un jour. Parce qu'ils ont un vrai problème de communication avec les patients et leurs proches. Ils pourraient aider à encaisser le choc. Au contraire, ils en rajoutent, parfois.

Peut-être qu'ils nous ont pris de haut, Micka et moi, parce que nous sommes des gens simples. C'est vrai, nous n'avons pas fait d'études, nous parlons avec l'accent picard, nous n'avons pas beaucoup voyagé. Ça ne fait pas de nous des abrutis. Et ça ne fait pas non plus de nous des parents qui aiment moins leur enfant que les intellos.

Le 15 juillet, les médecins de Lille ont décidé de renvoyer Nolan à l'hôpital d'Amiens sans nous exposer les raisons de ce transfert. Bien sûr, ça nous rapprochait un peu de chez nous, nous permettait de dormir dans notre lit, de cesser ces trajets épuisants en voiture, de profiter du soutien de nos proches qui ne pouvaient pas non plus se déplacer jusqu'à Lille tous les jours… Mais on ne se voyait pas travailler sagement toute la journée et venir rendre visite à Nolan quelques minutes, en coup de vent, après le boulot. On devait être près de lui, c'est tout. Et puis nous pensions que les meilleurs médecins du meilleur hôpital de la région devaient continuer de veiller sur lui et de le soigner, puisqu'il n'était pas encore rétabli ! Il ne le serait jamais, mais on l'ignorait. Ce que les médecins avaient compris, ce qu'ils tenaient pour sûr, ils ne nous l'avaient pas dit, à nous, les premiers concernés. On le découvrirait petit à petit.

***

À la fin du mois de juillet, deux mois après que Nolan avait mangé le steak haché et que la bactérie avait abîmé plusieurs de ses organes et un peu de son cerveau, à l'hôpital d'Amiens, ils lui ont mis des orthèses de posture aux mains, aux jambes et au dos pour maintenir ses membres dans une position à peu près normale alors que son tonus musculaire n'arrêtait pas d'augmenter et déformait son corps. La fameuse « spasticité ». Le rapport médical signale : « Le 01/08/11, on injecte de la toxine botulique pour lutter contre les rétractions ; des attelles sont confectionnées et une kinésithérapie mise en place. On note une tétraparésie spastique. L'enfant reste peu réactif. » C'est vrai, les journées s'enchaînent sans qu'il ait la moindre réaction positive, sans qu'il manifeste la moindre émotion joyeuse. Sauf qu'il souffre. Il geint, il gémit en permanence. Il ne dort quasiment pas. Il souffre, c'est criant. Et personne, absolument personne, ne nous informe sur son état futur.

Jusqu'à ce qu'une infirmière gaffe, un après-midi, en manipulant la sonde duodénale, celle qui sert à alimenter Nolan. Je la regarde faire, je détaille chacun de ses gestes alors que je me garderais bien de lui dire comment elle doit procéder, puisque je n'en sais rien. D'ailleurs, je ne voudrais même pas m'y risquer. Elle me dit : « Ne vous inquiétez pas, on vous expliquera comment faire… » Je l'interromps : « Pardon ? De quoi vous parlez ? — Oui, pour quand il sera chez vous… » Et après un moment d'hésitation, voyant mon air perdu sans doute, elle ajoute : « Vous n'êtes pas au courant ? — Au courant de quoi ? — Écoutez, madame Moittié, la neurologue va vous expliquer. » En effet, le soir vers 18 heures, la spécialiste me fait asseoir dans son bureau. C'est une femme encore jeune mais elle connaît son métier, elle est sûre d'elle et se sent dans son élément à l'hôpital, ça se voit. Elle a dix fois plus d'assurance que je n'en aurai jamais. Elle ne m'impressionne pas pour autant : je ne suis pas en état d'être impressionnée par qui que ce soit. En fait, la personne en face de moi ne m'intéresse pas. En quelque sorte, je ne la vois pas. La seule chose qui compte, et que je redoute, après la gaffe de cette gentille infirmière, c'est ce que ce docteur va me dire. Peu importe comment elle va le dire.

« On n'attend pas mon mari ? Il ne va pas tarder.

— Non, c'est bon, je peux vous expliquer à vous. »

Alors, sans prendre plus de précautions que ça, elle me parle de Nolan tel qu'elle le voit désormais, et pour toujours. Attention, ça va faire mal, mais au niveau de la prise de conscience, ça va être efficace.

« Il ne marchera jamais. Il ne parlera jamais. Il ne mangera jamais. »

Depuis des semaines, elle est la première à me parler de façon à ce que je puisse l'entendre. En quelques phrases, elle me balance que mon enfant ne sera jamais autre chose que ce qu'il a l'air d'être, à ce moment-là, dans son lit : une poupée de chiffon. Elle ajoute quand même qu'elle est confiante sur la possibilité de diminuer ses souffrances, mais sur le fait qu'il redevienne un petit garçon normal, non, madame, oubliez, aucune chance. Il n'y a plus rien à tenter, la bactérie a commis des dégâts irréparables. Je crois qu'elle dit « irréversibles ». Pour elle, en tant que médecin, l'affaire est close : voilà, madame, on vous rend votre fils. Le rapport dira : « Atteinte neurologique sévère ».

Micka n'est toujours pas là et moi, face à cette femme qui ne m'impressionne pas, je reste sans voix. Muette, immobile, je me revois quand j'y pense, comme si j'avais été spectatrice de la scène : le visage sans émotion qui assène des faits, les uns après les autres, sans trembler, et la mère de l'enfant assise sur une chaise, sans bouger, une vraie statue de pierre, obligée d'écouter, d'absorber ces informations insupportables, incapable de réagir.

La docteure enchaîne : « Il va falloir changer de voiture. Prendre un véhicule adapté. Changer de domicile aussi, sans doute. » Cette fois je baisse les armes. Carrément effondrée face à cette femme qui ne me connaît pas, que je ne connais pas, et qui m'annonce que la belle vie, c'est fini. Combien de temps ça dure, cette torture mentale ? « Allons, madame Moittié, avec les stimulations, il y aura peut-être un peu d'amélioration quand même. Est-ce que le handicap vous fait peur ? » Elle ne comprend donc rien. Est-ce que le handicap me fait peur ? Est-ce que j'ai peur de ne pas savoir pousser un fauteuil ? C'est ça, la question, en fait ? Elle ne se doute donc pas que ce qui me bouleverse, c'est juste que mon petit garçon ne va pas grandir, tout simplement ? Et qu'il souffre en plus ?

C'est pratique, la colère. Ça aide à relever la tête. Je sors de son bureau, je vais prendre l'air à l'extérieur du bâtiment, et là je retrouve Micka qui vient d'arriver avec sa sœur. Je lui annonce : « C'est fini. » Il me regarde un instant sans réagir, puis il écarquille les yeux, et il parle enfin, très vite : « C'est fini ? Il est mort ? — Non, mais sa vie est foutue. » Je lui répète les mots du médecin, ses condamnations à perpétuité, condamné au fauteuil, condamné à se taire, condamné à avoir 2 ans pour le reste de sa vie. Et combien de temps durera cette vie ? Mystère. Micka ne veut pas me croire. Il ne peut pas, parce que la nouvelle est trop difficile à encaisser. Il veut l'entendre de la bouche de la neurologue, lui aussi, il a besoin de plus d'explications.

Nous rentrons dans le bâtiment et nous insistons pour la revoir. Magali est avec nous, elle n'arrive pas à y croire elle non plus, ça dure un bon moment, la neurologue n'en peut plus. Je devine qu'elle aimerait qu'on encaisse et qu'on aille pleurer ailleurs, dignement, et qu'on la laisse faire son métier maintenant parce que Nolan, d'accord, c'est perdu, mais elle a d'autres patients, quand même… Alors devant nous trois, désespérés, la neurologue finit par nous inventer des raisons de survivre : « Oui, à force de stimulations, Nolan pourrait peut-être faire quelques pas. Peut-être dire quelques mots. » En regardant Micka dans les yeux, elle dit ce qu'il désespère d'entendre, mais il n'y a rien de vrai dans son discours. L'avenir nous le prouvera.

***

Nolan est sorti du coma, il voit, mais il ne regarde pas. S'il nous reconnaît, il ne le montre pas. Il ne semble pas apprécier la compagnie ni remarquer ce qu'il se passe autour de lui. On sait qu'il n'est pas sourd parce qu'il sursaute lorsqu'il y a un bruit sec, soudain, comme une porte qui claque à l'étage de l'hôpital. Magali est très motivée pour entamer ce qu'elle appelle sa rééducation. Elle a ressorti les jouets d'éveil qu'on avait mis de côté pour le deuxième enfant qu'on espérait avoir prochainement, qu'on n'envisage même plus. Elle agite des hochets, des anneaux en plastique devant le nez de mon garçon, mon grand garçon, mon bébé qui n'en était plus un depuis longtemps dans sa tête. Ça me rend malade. Je ne supporte pas ce retour en arrière, et encore moins parce que je ne crois pas, moi, qu'il sera capable un jour de désigner l'anneau rouge ou de passer un hochet de sa main droite à sa main gauche. Je lui fais écouter des chansons, celles qu'il préférait, à la maison, *René la Taupe* et le générique du dessin animé *Tchoupi*. Je ne sers à rien.

Le plus douloureux pour moi, c'est que je ne sais pas s'il me reconnaît. Et moi qui suis plutôt bavarde, d'habitude, moi qui lui parlais beaucoup quand nous étions chez nous, je ne suis plus capable de m'adresser à lui. Les mots restent coincés dans ma gorge. J'ai plein d'idées dans la tête, plein de mots d'amour, mais rien ne sort. En fait, je ne reconnais pas mon fils. Je sais que c'est lui, Nolan, allongé là, mais ce n'est pas l'enfant qui me disait « à pusss » en agitant la main quand je partais, qui me faisait des blagues, qui voulait attraper des oiseaux. Les médecins m'ont confirmé qu'ils ne savent pas s'il me reconnaît. Ils ne savent pas quelles zones de son cerveau ont été atteintes par la bactérie.

*
* *

Le 21 juillet, il a 2 ans, nous fêtons son anniversaire avec un énorme gâteau à trois étages que nous avons commandé dans une pâtisserie du coin. On a décoré sa chambre avec des ballons et des guirlandes, on agite des cotillons, on s'est mis des petits chapeaux de carton sur la tête. Cette chambre n'est pas la sienne, elle n'est qu'une chambre parmi des dizaines de chambres où d'autres enfants vivent comme lui, comme nous, en transit, parce que sont arrivés une maladie, un accident et que, pour l'heure, c'est là qu'il faut être, dans un service de neurologie pédiatrique, entre quatre murs qui auraient bien besoin d'un coup de peinture fraîche, avec une fenêtre qui donne sur le parking des visiteurs. Les plaintes des autres patients arrivent jusqu'à nous, en même temps que les conversations des soignants dans le couloir, leurs pas qui glissent sur le caoutchouc et qui le tapent quelquefois parce qu'une urgence, tout à coup, les appelle. On prend sur nous. On fait semblant d'être heureux, ici, avec Nolan, un peu bancal dans son lit, avec ses poignets qui se replient vers l'intérieur des bras et ses petites mains molles qui ne peuvent pas déchirer les papiers des cadeaux. De toute façon, il se fiche pas mal de savoir ce qu'il y a dans les paquets. Son cerveau n'est plus capable d'imaginer qu'il y a dans les boîtes des objets qui lui procureront du plaisir. Son cœur ne fabrique plus d'espoir. Plus de sentiments. Plus une pensée ne traverse ses yeux noirs qui pétillaient de vie, avant.

Dans le gâteau, on a planté des bougies magiques, elles pétaradent dans tous les sens et font de la fumée. Laëtitia, une infirmière qui participe à la fête, regarde le détecteur au plafond avec inquiétude… En effet, l'alarme se déclenche et les vigiles arrivent à toute vitesse. On rit très fort. On doit nous entendre dans tout l'étage. Dans les autres chambres, un petit malade et son père et sa mère, perçoivent peut-être que, pas bien loin d'eux, un autre petit malade est assez bien portant et ses parents assez joyeux pour célébrer une nouvelle année de vie et s'élancer gaiement dans la suivante. Mais tout est faux. Nous jouons une belle comédie, et pourtant oui, d'un côté, nous sommes vraiment heureux que notre fils soit là, devant nous. On nous l'avait annoncé « entre la vie et la mort », on nous avait dit ensuite « il va mourir », il a maintenant 2 ans et il évolue malgré les atteintes neurologiques, puisqu'il commence à esquisser des sourires. Mais sait-il que je suis sa maman ? Les médecins me conseillent de le prendre dans mes bras, de le tenir contre ma peau, parce que son cerveau pourrait ne pas avoir oublié mon odeur. C'est un fil auquel je dois me raccrocher. Ça n'est pas solide, un fil, mais je vais le prendre quand même, au cas où, et je vais tirer dessus autant que possible en espérant qu'il ne casse pas.

Nolan n'est plus tout à fait Nolan, et je ne suis plus la femme et la mère que j'étais quelques semaines plus tôt. Je me sens tellement moins efficace. Une mère débutante, sans expérience, et c'est vrai, je débute avec cet enfant-là, cet enfant handicapé. Ce n'est pas comme une grossesse, je n'ai pas eu neuf mois pour m'habituer à cette situation : je suis désormais la mère d'un enfant lourdement handicapé. Je me trouve maladroite avec le corps de mon petit garçon, à la fois raide et mou, sans force. Je n'ai pour m'aider que ma volonté de le sauver, et mon amour. Alors je renoue avec lui, petit à petit, pendant les heures que je passe, assise dans un fauteuil, avec lui sur mes genoux. Et petit à petit, heureusement, j'arrive à lui parler à nouveau. À lui dire quelques mots.

*
* *

Sa prise en charge consiste à tenter de maintenir son corps dans une forme humaine normale. Qu'il ne se transforme pas en monstre. Que l'on puisse continuer de reconnaître notre fils. Et ça ne fonctionne pas très bien. « Le 01/08/11 des orthèses de postures sont réalisées et mises en place (mains, siège et jambes). Le corset du siège n'est pas toléré » : Nolan ne supporte pas que son bassin soit maintenu, ça lui fait mal, alors il geint. C'est donc par la manifestation de sa douleur que notre fils nous adresse un signe de plus qu'il est là, bien vivant. Je ne sais toujours pas s'il se souvient d'avant. Je ne sais pas s'il se souvient de moi, s'il me reconnaît en tant que maman, ou s'il s'habitue à moi parce que je suis la personne qui reste près de lui presque vingt-quatre heures sur vingt-quatre. Comme si on venait juste de se rencontrer, tous les deux. Comme si on faisait connaissance, comme si on n'avait pas de passé commun. Il y a deux mois, il courait derrière un ballon, il chantait avec René la Taupe, il dansait dans le salon. Il mettait ses bras autour de mon cou, il s'endormait contre moi en regardant la télévision. Il souriait quand il se réveillait. Il était heureux. Est-ce qu'il se souvient de ses jouets ? Est-ce qu'il se rappelle de la maison, est-ce qu'il rêve encore au quad électrique qu'on lui avait promis pour son anniversaire ? Pour ses 2 ans, il n'a reçu que des jouets de bébé dont il ne fait rien. Il ne marchera plus. Il ne se tiendra jamais sur un quad. Quant à se tenir correctement assis dans un fauteuil roulant, ce n'est même pas sûr.

Quand des membres de notre famille essaient de m'encourager, je ne les écoute pas, je leur en veux. « Mais si, Priscilla, il faut y croire ! Il va aller mieux ! » Ou bien : « Allez, bats-toi, regarde comme il est fort, Nolan. Tu dois être forte toi aussi. » Comme si je ne l'étais pas. Il faudrait que je sourie à longueur de journée en plus ? Que je trouve que la vie est décidément trop belle ? Que je remercie Dieu ou je ne sais qui pour ce cadeau merveilleux qui m'est fait ? Je n'arrive pas à manipuler Nolan, j'ai peur de lui faire mal. C'est donc une infirmière qui change sa couche pendant que je me tiens à côté. Un jour que Magali est là, en visite, elle me lance sèchement : « Alors, c'est ton fils quand même, tu vas peut-être t'y mettre ? » Je reçois cette remarque comme une insulte. Pire, comme une gifle. En fait, elle me traite d'incapable. De mère indigne. J'arrache ma blouse et je sors dans le couloir en pleurant. Une infirmière me rattrape, elle essaie de me rassurer : « Mais non, madame Moittié, ne vous accablez pas. C'est difficile, cette situation... Et c'est normal que vous ayez peur. Ne vous inquiétez pas, vous allez y arriver. »

Des mois plus tard, Magali s'excusera, à sa façon : « C'était pas pour te blesser, c'était pour te secouer. » Bien joué. Mais j'étais encore en état de choc. Sidérée par ce qui était arrivé à mon fils, qui bouleversait nos vies pour toujours. Elle ne l'avait pas vu, pas compris. L'attitude qu'elle attendait de moi, les gestes qu'elle exigeait de ma part, elle ne les demandait pas à son frère. Micka se tenait de plus en plus en retrait par rapport à Nolan. Il prenait conscience, peu à peu, que notre fils serait comme ça pour toujours. Coincé dans un corps tout cassé, déformé, incapable de dire ce qu'il voulait, ce qu'il ne voulait pas. Incapable de communiquer. Je savais que je pouvais compter sur Micka et sur son amour, mais il se réfugiait déjà dans le travail et il avait une bonne raison de le faire : même quand un truc comme ça vous arrive, il faut bien continuer de payer les factures. Ce n'est plus la même vie, mais c'est encore la vie. Et pendant ce temps-là, Nolan souriait, un peu, mais surtout il poussait des gémissements faibles qui disaient mieux que des mots qu'il souffrait et qu'il nous reprochait de ne rien faire pour lui.

***

Le problème, c'est l'alimentation. On ne peut pas éternellement le nourrir par le nez. Mais on ne pourra plus jamais le nourrir tout simplement par la bouche. Il faut que je me fasse à cette idée : mon fils n'est plus capable de faire des mouvements de mastication, il ne sait plus déglutir et donc il ne peut plus rien avaler. Il faut apporter la nourriture directement dans son estomac. Le 11 août, il subit une opération sous anesthésie générale : « Mise en place d'une sonde gastrostomie par voie endoscopique. » Un tuyau entre directement dans son estomac. Sur la peau de son ventre, il y a une sorte de bouchon qu'on enlève pour brancher le tuyau relié à la poche de liquide alimentaire. Un système de pompe l'envoie dans l'estomac. Six jours plus tard, les médecins jugent qu'ils ont fait le bon choix. Pourtant,

Nolan vomit et geint beaucoup. On peut toujours agiter un hochet devant son nez, il ne réagit pas. Je suis près de lui nuit et jour, j'ai le droit de m'allonger sur une espèce de lit de camp à côté de lui. Ce n'est pas bien confortable, et entre les plaintes de Nolan et le bruit qu'il y a tout le temps dans l'hôpital et autour, il est impossible de dormir. Ça ne fait rien. Même si je suis toujours abattue, je ne me pose pas de question sur ce que j'ai à faire ni sur l'endroit où je dois être. Je suis une mère d'un enfant malade, je reste près de lui. Heureusement que je n'en ai pas d'autre. À ce moment-là, je me réjouis, finalement, de ne pas être enceinte d'un deuxième enfant. Nolan prend toute la place dans ma vie. Micka travaille, il vient tous les jours, il est KO comme moi mais il ne baisse pas les bras. J'imagine que ce n'est pas facile non plus pour lui d'aller au boulot et de se concentrer sur ce qu'il doit faire tout en sachant que son fils est à l'hôpital et qu'il ne reconnaîtra pas son père le soir quand il entrera dans la chambre. Mais parfois aussi j'en veux à Micka parce qu'il n'est pas là autant que moi, parce qu'il a l'occasion de se changer les idées en rencontrant des collègues et des clients. Je suis injuste et je le sais : je ne lui céderais pas ma place s'il me le demandait. Cela n'est même pas envisageable. Je suis la mère.

11

Et si on écoutait Nolan ?

À Lille, lorsque l'enquête sanitaire a démarré, on nous a conseillé – comme aux autres parents d'enfants touchés – de porter plainte contre X. On nous a expliqué que c'était nécessaire pour faire jouer les assurances. On ne nous parlait pas de « réparation » – d'ailleurs, on se rendrait compte ensuite qu'il n'y aurait rien à « réparer », puisque notre fils était si lourdement handicapé que rien n'était « réparable », mais on nous avait dit que nous pourrions au moins être aidés dans la prise en charge de Nolan. Alors oui, bien sûr, nous avons déposé plainte...

Le gendarme qui nous reçoit se tient au courant de la situation. Il sait que la plupart des enfants contaminés par la bactérie sont sortis de l'hôpital, que certains garderont des séquelles aux reins, et il sait que Nolan est plus gravement handicapé et qu'il le restera. Il nous recommande de prendre un avocat pour défendre nos intérêts – Me Rault, donc, dont j'ai déjà parlé –, parce qu'il a compris avant nous que la vie de Nolan va impliquer beaucoup de changements et de sacrifices.

En effet, pour commencer, je ne peux plus travailler. La neurologue a dit qu'on devra changer de voiture, et peut-être de maison. Avec quel argent ? On n'en manque pas, mais on vit simplement, on n'en a pas trop non plus. Mon mari est maçon, salarié, et même s'il était le patron, je ne suis pas sûre qu'on pourrait assumer toutes ces charges. Alors ce livre, c'est aussi l'occasion de remercier Me Florence Rault pour tout ce qu'elle a fait pour nous pendant huit ans. C'est le gendarme qui nous a conseillé de l'appeler, elle, parce qu'il la connaissait déjà. Il pensait qu'elle était compétente, bien sûr, mais aussi qu'elle serait capable de nous comprendre et de nous écouter. Il avait raison. Elle a accepté de s'occuper de nous tout de suite et elle s'est vraiment battue pour Nolan, jusqu'au bout.

Nous avons rencontré d'autres personnes bienveillantes, heureusement, pendant toutes ces années. Il y en a une autre à laquelle je pense maintenant et que je veux remercier aussi, c'est madame Séverine Fritot, la chef du service MPR à l'hôpital d'Amiens. MPR pour « médecine physique et de réadaptation », un service éloigné du reste de l'hôpital, à l'exact opposé de la ville d'ailleurs. Je sais que je suis souvent sèche et brutale dans ma façon de m'exprimer avec les gens. Évidemment, pendant ces premiers mois de cauchemar, je l'étais encore plus que d'habitude et je ne m'en rendais même pas compte. Je ne me sentais pas brutale, mais à vif. Quand on me disait quelque chose, c'était comme si on enfonçait une lame dans une plaie ouverte. Le Dr Fritot a su s'y prendre avec moi plutôt mieux que la plupart des autres médecins.

Nolan a été transféré dans son service le 17 août, une semaine après la pose de la sonde gastrique. Il ne la supporte pas très bien, il vomit beaucoup, mais encore une fois, ça n'inquiète que moi. Madame Fritot prend le temps de me montrer des radios. Je ne suis pas capable de lire comme un scientifique le fait, mais elle essaie de m'expliquer. Toutes les zones qui apparaissent blanches dans le cerveau, ce sont les zones qui ont été affectées par la maladie. Il y en a beaucoup, et elles sont grandes. Elle me dit aussi cette phrase apparemment anodine, mais qui est restée gravée en moi depuis : « Madame Moittié, il faut que vous pensiez à votre couple. » Sur le moment, je ne saisis pas pourquoi elle me dit ça. Je ne suis pas comme ma mère. Je suis Priscilla, la mère de Nolan. Je m'occupe de mon fils. Son père, quand il ne travaille pas, est là avec nous. Nous sommes une famille.

Elle me dit ça parce qu'en MPR, les parents ne peuvent rester la nuit près de leur enfant. Parce que les enfants sont mis là pour des périodes assez longues – elle va durer plus d'un mois pour Nolan – et parce que les parents, pendant ce temps, sont encouragés à reprendre des forces de leur côté, la nuit, pour pouvoir assurer le jour en complément des soignants dans les murs du service. La nuit, c'est dit, le personnel ne veut pas de moi. Mais que je sois là toute la journée pour tenir mon petit dans mes bras, ça oui, j'ai le droit. Et je ne le lâche pas. Je me raccroche à cette idée que même s'il a l'air de ne pas me reconnaître, il reste mon odeur. Et que même s'il doit ne jamais me reconnaître, il va apprendre à me connaître, à accepter que je l'aime et que je m'occupe de lui comme je le faisais avant. Alors non, je ne le lâche pas. Du matin au soir, je m'enferme avec Nolan entre les murs de la MPR, je serre mon enfant contre moi, toute la journée, je le berce, je lui parle même maintenant, même si je ne sais pas s'il me comprend puisqu'il ne réagit pas. Je ne sais pas ce qu'il se passe dans sa tête, dans son cerveau rempli de taches blanches. Je ne sais pas si ma présence lui fait du bien. Je ne sais rien. Je me suis juste convaincue que c'est toujours mon petit garçon que je viens retrouver tous les matins à l'hôpital, et pas la petite poupée de chiffon qu'il a l'air d'être à ce moment-là.

Au cours des premières semaines, Nolan n'a toujours aucune réaction, quoi qu'il se passe autour de lui. Un médecin du service me parle de mon couple, lui aussi. Il m'annonce que ça va être dur. Dur à la maison, et dur ici dans le service, mais qu'ensuite, de toute façon, il faudra placer Nolan dans un centre. Il dit : « Dans ces cas-là, pour les couples, soit ça passe, soit ça casse. » Moi je réponds aussitôt, dans ma tête, que ça passera, mais qu'il est hors de question, de toute façon, que j'abandonne mon fils. Je ne me crois pas plus forte que je ne le suis. Je connais mes limites, mais je sais que je suis forte, c'est différent.

Nolan ne supporte toujours pas la sonde, il vomit souvent, il ne prend pas assez de poids. J'alerte les médecins. Il souffre. Ils ne réagissent pas. Ils disent qu'il faut laisser du temps au corps de Nolan. Du temps pour qu'il s'habitue à la sonde. Ils ne m'écoutent pas, et pourtant je parle de plus en plus fort. Je sais, parce que je suis sa mère, ce que les médecins ne peuvent pas apprendre au cours de toutes leurs années d'études. Je sais, comme je savais deux mois plus tôt, que ce qu'il se passe n'est pas normal, qu'on ne peut pas le laisser comme ça. Tous les soirs, je reprends le train, puis ma voiture, pour rentrer chez moi. Je suis épuisée, je pense souvent que je veux mourir. Si je croise un camion sur la route, j'imagine le scénario. Je suis à la limite de le réaliser. Il suffirait que j'enfonce la pédale de l'accélérateur et que je dévie sur ma gauche au dernier moment pour m'encastrer dedans. Fini la vie, fini l'horreur. Pourquoi je ne le fais pas ? Parce que Nolan souffre encore plus que moi. Parce que je n'abandonne pas mon fils.

On peut dire qu'il évolue bien, sur le plan neurologique, puisqu'il pleure franchement maintenant. (Se réjouir que son enfant pleure…) J'en fais autant, sur mon malheur de mère. Je pleure dans ma voiture le soir, je pleure dans le couloir pendant qu'il dort, et lui, il pleure quand il a mal. Il a mal souvent. Il s'est bien habitué à moi, par contre. Apparemment, il a compris que je suis là pour lui. Mon corps est comme un prolongement du sien, un peu comme quand il était dans mon ventre. Puisqu'il n'a plus aucune autonomie, mes bras sont ses bras. Et ma bouche parle pour lui. Il a mal, il a peut-être peur aussi, il pleure, il pousse des gémissements continus. Sa colère, je la ressens, je m'en empare et je me fâche contre les médecins. « Alors quoi ? Vous ne faites rien ? Vous allez le laisser souffrir longtemps comme ça ? C'est pour ça que vous avez fait des études ? Si vous ne pouvez pas le soigner, soulagez-le, au moins. »

Le 27 septembre – est-ce que c'est de moi qu'ils veulent se débarrasser ? – ils décident de le renvoyer en pédiatrie à Amiens-Nord : on va changer la sonde. Elle passera à nouveau par le nez mais elle ne descendra plus directement dans l'estomac, mais plus bas, dans le jéjunum, une partie de l'intestin grêle. Sur le moment, je ne comprends rien. Depuis quand est-ce qu'on se nourrit par les intestins ? Pour moi, les intestins servent seulement à évacuer les aliments transformés après la digestion. Évidemment, je ne suis pas docteur. C'est toujours ma limite, pour entendre et comprendre ce qu'il se passe, ce qui se joue dans le corps de mon fils et dans les blocs opératoires qui le voient défiler… Et puis sur le moment, en plein drame, éreintée de fatigue, je n'ai vraiment pas la capacité de me concentrer pour chercher. Je veux de l'efficacité, sans délai. Maintenant que Wikipédia est mon meilleur allié, je comprends mieux. C'est écrit : « La paroi interne du jéjunum est constituée d'une muqueuse tapissée de nombreux replis, qui permettent une meilleure absorption des lipides, des glucides et des protides. »

C'est bien, on en apprend tous les jours. Mais ce qu'on constate à ce moment-là, c'est que Nolan a toujours plus mal, qu'il pleure et gémit tout le temps, et qu'en plus il vomit des substances de couleur marron. Les parents de Micka ne nous quittent pas, ils sont d'un grand soutien, ils nous aident vraiment à tenir le coup. Les autres membres de nos deux familles sont également présents, chacun à la mesure de ses moyens en termes de temps et de disponibilité. La plupart de mes sœurs ont des enfants, leur vie, certaines habitent loin. Il y a aussi ma tante Cathy et son mari. Magali se démène pour trouver des solutions aux problèmes pratiques qui se posent, elle met une grande part de son énergie à notre service. Tous sont là pour nous. Et en même temps, je ne me suis jamais sentie aussi seule. J'ai l'impression de crier dans le désert. C'est exactement comme trois mois plus tôt, quand Nolan commençait à subir les conséquences de la bactérie et que les médecins me répétaient les mots « constipation », « gastro-entérite », et « peut-être ». Cette fois, ils disent et ils redisent : « Madame Moittié, attendons ! » Mais qu'est-ce qu'on attend ? Que Nolan meure de ses souffrances ? Ce qu'on lui fait subir, pour moi, ne pas chercher à soulager un enfant de 2 ans qui pleure constamment, c'est de la torture.

Le 14 octobre, Nolan est quand même ramené dans le service de médecine physique et de réadaptation. Les infirmières ont mal pour lui, elles aussi sont désarmées pour le soulager. Apparemment, il est admis par les médecins que tant qu'il n'y a pas d'alerte sérieuse, quelque chose de plus grave, tant que sa vie n'est pas en danger, on le laisse dans cet état de souffrance permanente. C'est tant pis pour lui, et c'est tant pis pour moi. On doit s'habituer. Du coup, je dois commencer à le ramener à la maison. Ils appellent ça « une permission », comme dans l'armée ou comme pour les détenus qui se conduisent bien gentiment dans leur prison. Une permission de sortie. Je redoute ce moment, me retrouver chez nous avec Nolan et tout son attirail médical, mais surtout avec ses pleurs parce qu'on ne peut pas soulager sa douleur.

*
* *

La première fois, c'est un samedi. On l'emmène en ambulance, je me tiens à côté de lui, je lui dis que c'est chouette, qu'on rentre à la maison. Je ne crois pas que c'est chouette, je suis terrifiée. Si je ne fais pas ce qu'il faut au bon moment, si je me trompe en lui donnant les médicaments... Si je ne suis pas capable de faire ces gestes que j'ai bien faits à l'hôpital, d'accord, mais à l'hôpital, il y avait du monde auprès de moi pour rattraper le coup si je me trompais... Là, j'ai peur, parce que c'est sans filet.

La nuit à la maison, Nolan ne dort pas une seconde. Il ne fait que pleurer. Je le prends contre moi, son ventre contre le mien, pour essayer de le calmer, et bien sûr, je n'y arrive pas, ou pas assez. Déjà, je n'en peux plus. Je me demande comment je vais tenir le coup. Comment je vais réussir à me lever tous les matins... sans m'être vraiment couchée de toute la nuit. Avec la fatigue, arrive un moment où l'on n'est plus vraiment capable de distinguer ce qui est important de ce qui est futile. Plus rien ne compte que cette fatigue, qui écrase tout, même l'amour.

Et je m'en veux, bien sûr. J'ai honte d'éprouver cet état d'épuisement qui me donne envie de partir loin et de ne plus entendre parler de rien, même pas de mon petit garçon. Est-ce que ça va être ça, ma vie, désormais ? Il a mal, c'est insupportable, il a mal et il gémit et il pleure, et c'est moi qui me plains, comme si je souffrais plus que lui. J'appelle une de mes sœurs, complètement désespérée. C'est comme quand j'étais en voiture et que j'étais à un cheveu d'accélérer pour mettre fin à ce cauchemar. « Nadine, il souffre trop, je vais l'étouffer. » Pourquoi je ne le fais pas ? Ça existe, des gens qui s'occupent de la personne qu'ils aiment le plus au monde et qui la tuent pour ne plus la voir souffrir. Ça existe et je le comprends. Qu'est-ce qui me retient ? Pourquoi je ne vais pas plus loin ? Pourquoi est-ce que j'écoute Nadine, qui essaie de me rassurer ? Pourquoi est-ce que je donne à Micka la possibilité de trouver une autre solution ? Il me dit simplement : « Allez, viens, on le ramène à l'hôpital. » À l'hôpital, ils ont peut-être sauvé Nolan de la bactérie, mais sa vie est un véritable enfer depuis. Il n'a plus de vie, plus de plaisir, plus rien. Que de la douleur.

Nous ramenons Nolan en MPR, où il est accueilli, évidemment, et où j'annonce : « Je ne le prendrai plus. » Bien sûr, on ne me croit pas. C'est juste une phrase de femme épuisée. Déprimée. Après tout, il y a de quoi : ça fait quatre mois que ça dure, ce cauchemar. On m'envoie rencontrer à nouveau une psychologue. Parler, ça libère sur le moment, mais ça ne règle pas les problèmes. Quand je retrouve Nolan, il continue de gémir, de vomir, de pleurer. Le problème est là, pas en moi. Je ne peux pas le dégueuler par des mots et tirer la chasse.

Le 19 novembre, Nolan est renvoyé à l'hôpital en pédiatrie à Amiens-Nord. Je n'ai pas non plus le choix, bien sûr : ce n'est pas moi qui décide de qui s'occupe de lui et où, c'est son corps, en fonction de ce qui se détraque en lui, et les docteurs qui prennent les décisions qu'ils pensent les plus adaptées à la situation. Le rapport de l'expertise médicale dit : « Transfert en réanimation pour vomissements malgré une sonde nasogastrique compliqués de fièvre. » Alors les médecins reconnaissent la souffrance de Nolan, et encore une fois, sans être sûrs de rien, ils nous annoncent qu'ils vont « tenter » quelque chose. J'ai l'impression qu'ils le prennent pour un cobaye. Je suis injuste, je le sais, mais je suis lasse de les voir s'acharner sur le corps de Nolan sans parvenir à le soulager. Ils veulent l'opérer, encore une fois. Ils ne sont toujours pas certains du résultat, mais ils pensent qu'avec un autre type de sonde, ils pourront l'aider, puisque celle qui passe par le nez le « dérange ». Je trouve vraiment insupportable de les entendre minimiser les souffrances de notre fils. Il n'est pas *dérangé*, non, le mot est bien en dessous de la vérité, c'est évident. Qu'est-ce qu'ils veulent faire, concrètement ? Poser une autre sonde, sur le ventre, avec accès direct aux intestins. Ma petite voix est devenue plus forte au fil des semaines, elle me crie que ce n'est pas la solution. Elle me dit qu'on s'acharne avec des actes médicaux violents pour un si petit corps. Des gestes qui, en plus, ne règlent pas les problèmes. De toute façon, Nolan fait un choc septique avant que l'intervention ait lieu, et il est ramené en réanimation pédiatrique.

Micka et moi, on n'est rien. Les médecins ne nous écoutent pas. Une avocate, ils l'écouteront ? Et le ministre, ils l'écouteront ? J'appelle Florence Rault.

12

Transfert à Necker sur ordre du ministre

Quoi qu'on me dise et me répète, sans cesse, depuis des mois maintenant, l'idée que je suis responsable de l'état de Nolan est bien installée dans ma tête, et c'est peut-être grâce à elle que je ne fonce pas m'enrouler autour d'un platane. C'est parce que j'ai fait une erreur et que je dois payer pour ça. J'ai acheté le steak et peu importe qui l'a fait cuire : si ç'avait été moi, je n'aurais pas fait autrement que mon père : j'aurais mis du beurre dans la poêle, j'aurais jeté la viande dedans, je l'aurais retournée au bout de quelques minutes, j'aurais appuyé dessus, à plat, avec une spatule, pour faire sortir le jus comme ils font dans les cafétérias au bord des autoroutes, et lorsque j'aurais pensé qu'elle était prête, je l'aurais émiettée dans la purée. J'aurais tendu la cuillère à mon garçon, je l'aurais encouragé à manger tout seul comme un grand même s'il en mettait un peu partout, j'aurais râlé pour la forme et je lui aurais demandé si c'était bon. Il aurait répondu en souriant et en se frottant le ventre que oui, miam.

Je ne prends pas de nouvelles de l'enquête. Ce n'est pas le moment, pas l'urgence, même pas une question d'ailleurs. Je n'y pense pas. Je suis obsédée par l'état de Nolan et Micka partage mon inquiétude. Une nouvelle opération n'arrangera pas les choses, je n'y crois pas. Elle ne fera qu'apporter plus de fatigue, de l'angoisse et des souffrances à Nolan, sans rien résoudre. J'appelle notre avocate. « Madame Rault, ça recommence : Nolan va de plus en plus mal et les docteurs ne nous écoutent pas. Aidez-nous s'il vous plaît. » C'est Me Rault qui a le numéro de téléphone du cabinet du ministre de la Santé, Xavier Bertrand. Elle le contacte, il apporte une réponse concrète deux heures plus tard : Nolan va être transféré à Paris, à l'hôpital Necker-Enfants malades.

La nouvelle est communiquée au chef du service de pédiatrie qui en fait part à ses équipes. Tout à coup, plusieurs médecins m'entourent dans le couloir devant la chambre de Nolan. La gastro-entérologue pleure et, sur le moment, j'ai l'impression qu'elle craint d'avoir des ennuis parce qu'elle n'aurait pas bien fait son travail. Elle ne l'a pas fait plus mal que les autres. Ils n'en reviennent pas : Nolan part à Necker, à Paris, sur ordre du ministère. Ils nous questionnent : « Mais… Vous connaissez le ministre ? » Oui, très bien, on joue au golf ensemble tous les samedis ! Évidemment, sur le moment, nous n'avons pas autant de répartie. Et surtout pas envie de rire. Même les têtes incrédules des pontes de l'hôpital ne nous amusent pas. Ils sont un peu ridicules, comme si on les forçait à descendre de leur piédestal tout à coup, nous, les campagnards. Mais je ne veux pas être injuste : la plupart des soignants voulaient vraiment aider Nolan et tous ne nous prenaient pas de haut. Surtout pas les infirmières ni les aides-soignantes, que des femmes, des mères pour la plupart, qui savaient se mettre à notre place, et qui semblaient même souffrir avec Nolan autant que nous.

Piqué dans son orgueil, le chef du service de pédiatrie nous convoque dans son bureau. Il est très sûr de lui, le visage dur, le corps raide, le menton haut. Normal : c'est un professeur. Un professeur sait. C'est lui qui transmet son savoir. C'est lui qui enseigne aux jeunes étudiants en médecine ce qu'il faut faire, ce qu'il faut comprendre des corps des malades. Les parents des patients n'existent pas pour lui. Il aimerait mieux ne pas les voir. Pourtant, non, il ne doute pas : « Ils n'en feront pas plus à Necker. Il n'y a plus rien à faire. C'est le cerveau, le problème. » Au début, je me demande s'il cherche à se rassurer ou à doucher notre espoir, histoire de nous punir d'avoir demandé de l'aide en plus haut lieu. Mais de toute façon, le professeur ne m'impressionne plus. Je lui réponds qu'à Necker, ils ne laisseront sûrement pas notre fils souffrir sans essayer de le soulager. Qu'ils n'attendront pas qu'il s'éteigne tout seul dans son lit sans réagir. C'est la première fois qu'un ponte de l'hôpital s'adresse à moi. À se demander s'il a déjà parlé à des parents de malades : il a l'air tout étonné que j'ose lui reprocher l'état de Nolan. « Mais non, madame Moittié, nous avons fait tout ce qu'il est possible de faire, nous avons tout tenté. »

Je me demande alors s'il n'a pas peur que nous fassions un procès à l'hôpital. Au ton de sa voix, je comprends qu'il veut me calmer, alors que Micka ne dit rien. Mais je suis calme. Calme, mais déterminée aussi. Les blouses blanches ne me font plus peur. Ni taire.

J'ai compris que les médecins sont comme les autres, malgré leurs études. Ils sont exactement comme les caissières de supermarché, les ramasseurs de poubelles, les producteurs de betteraves, les agents d'entretien et comme la pauvre fille qu'ils voient en moi : quel que soit notre niveau d'études, à tous, proche de zéro comme le mien ou très élevé comme le leur, ils ne savent pas tout. Et ce grand médecin, tout-puissant dans son hôpital, il ne sait pas ce que je sais grâce à une seule chose qui lui échappe complètement, grâce à mon instinct de mère : je sais que ses collègues et lui se trompent sur toute la ligne. Je sais que mon fils est en train de mourir sous leurs yeux, dans mes bras, et je sais qu'il est juste impossible que j'abandonne maintenant. Je suis calme, mais le médecin me répète exactement ce qu'il ne faut pas, en boucle : « C'est le cerveau, il n'y a plus rien à faire. Emmenez-le à Necker si vous y tenez, mais soyez consciente qu'ils ne feront rien de plus qu'ici. » En gros, les autres soignants me renvoyaient dans ma chambre comme une gamine. Lui, il me dit que la porte de la maison est grand ouverte. Encore heureux.

Alors je lui demande simplement : « Ça va, vous ? » Il me regarde, il ne comprend pas, il attend que je développe. Qu'est-ce qu'il me prend de demander de ses nouvelles ? Je l'aide un peu : « Quand vous rentrez chez vous, le soir, ça va ? Vous dormez bien ? » Il n'y a pas un bureau entre nous. Pas un fossé non plus, comme on dit d'habitude. Il y a un gouffre. Il se tient de son côté, avec ses convictions de savant, sa froideur, une posture qui l'aide peut-être à tenir quand il se retrouve face à des drames, je ne sais pas, je m'en fiche : ça le regarde. De mon côté, il y a une certitude : Nolan n'est pas mort, juste handicapé, et il mérite qu'on fasse tout pour que son quotidien ne soit pas que de la souffrance. Sinon, autant mourir…

Dans la voiture après ça, sur le chemin du retour vers chez moi pour prendre une valise avant de rejoindre Nolan à Necker, j'entends encore une petite voix. Elle me dit de ne plus hésiter, d'accélérer, d'accélérer à fond, et de m'encastrer dans le premier gros obstacle bien solide que je rencontrerai, cette fois, d'y aller pour de bon. Parce que c'est trop difficile, tout ça. Parce que ce professeur de médecine m'a dit de laisser tomber. « Nolan va mourir, et malheureusement, ce que vous faites ne sert à rien. Plus personne ne pourra le sauver. » Pour lui, c'est comme si mon fils était déjà mort. Alors autant que je le sois aussi. Je guette les camions, je roule trop vite. Un coup de volant, et hop.

Mais non, je reste sur ma voie.

*
* *

Quand j'y repense, aujourd'hui…

Personne ne peut tout savoir. Chacun sa vie, sa peau, sa façon de penser. Je ne peux pas en vouloir à un chef de service de ne pas avoir été, comme moi, une jeune mère d'un petit garçon bien portant soudain transformé en poupée de chiffon. Je ne lui en veux même pas de ne pas avoir eu l'idée de se mettre à ma place. Je trouve juste qu'il aurait pu être plus délicat, dans sa vie, sa peau, sa blouse, plus délicat dans son fauteuil, là, à sa place en face de nous ce jour-là. Malgré ses années d'études et tous les enfants qu'il a certainement bien soignés, et tous les parents qui ont sûrement des tas de raisons de l'admirer et de le remercier, ce jour-là, pour Nolan et pour moi, ce professeur était à côté de la plaque. Ce n'est pas bien grave, pour moi, ce qu'il m'a dit ni ce qu'il ne m'a pas dit, je comprends bien qu'il ne pouvait pas m'annoncer que tout allait rentrer dans l'ordre puisqu'il était convaincu que ce ne serait pas le cas. En tant que médecin, il avait raison. En tant qu'homme, il aurait dû se taire, juste se taire, et s'il avait été vraiment bon dans son cœur d'homme, il aurait dû me souhaiter du courage. Il m'a seulement donné envie de m'encastrer sous un camion. Et je ne sais pas si j'ai été forte, ou faible au contraire, de ne pas le faire.

Nolan n'était pas une poupée de chiffon. C'était un enfant, déjà lourdement handicapé, avec un cerveau qui fonctionnait mal, c'est vrai, mais qui fonctionnait encore assez pour vivre, et même pour vivre des moments heureux, après. L'avenir nous l'a montré. C'était un enfant, avec des besoins d'enfant. Des besoins d'amour, de moments de joie. On en a connu beaucoup, par la suite, pendant huit ans. Pendant tout ce temps-là, l'enquête s'est poursuivie, il y a eu un procès, et le dirigeant de la SEB, l'usine qui a fabriqué les steaks, a toujours tenté d'échapper à ses responsabilités. Il a cherché à rejeter la faute sur nous. On n'avait pas assez fait cuire le steak. On l'avait laissé décongeler avant de le congeler à nouveau. Non, ce n'est pas ce qui s'était produit chez moi. Quand je fais mes courses, je pose les surgelés en dernier dans le caddie et je rentre vite les mettre au congélateur, je ne suis pas si bête. Et pourtant, quelque part dans ma tête, il restera toujours une petite voix pour susurrer que c'est bien moi qui ai mis mon fils dans cet état-là. Comment vivre avec ça ?

13

Necker a fait le nécessaire

« Madame Moittié, votre instinct était juste. »

C'est bon d'entendre, enfin, que je ne suis pas aussi folle qu'on a voulu me le laisser entendre à Amiens. Que nous avons bien fait d'insister, Micka et moi, pour que les souffrances de Nolan ne soient pas considérées comme normales et finalement inévitables. À l'hôpital Necker-Enfants malades, à Paris, notre petit garçon a été pris en charge directement dans le service des pathologies digestives, et là, il a subi une batterie d'examens « pour tout remettre à plat ». Il n'a pas fallu longtemps pour comprendre la raison de ses gémissements : une échographie a révélé qu'il souffrait d'une appendicite et d'une occlusion intestinale.

Après un scanner, il passe au bloc opératoire encore une fois. Une anesthésie de plus. Des incisions supplémentaires. Mais puisqu'il le faut, pour qu'il aille mieux… Nous savons bien que cette intervention ne pourra pas réparer les dommages causés par la bactérie dans son cerveau, mais nous avons bon espoir qu'il n'ait plus mal et qu'il puisse se reposer. Et que, dans une meilleure condition physique à ce niveau-là, il récupère des forces, peut-être même assez de forces pour regarder à nouveau autour de lui et se « réveiller » à la vie.

Les chirurgiens lui enlèvent une partie du gros intestin, tout se passe bien, il n'y a pas de complications. Mais les problèmes pour l'alimenter continuent, il a une perfusion dans le cou pour passer les produits par le tube digestif, et il fait de l'œdème. On découvre alors qu'il est devenu diabétique. Un diabète qui se traite mais ne se soigne pas. C'est une des conséquences de l'intoxication, une de plus. Ça fera donc un médicament supplémentaire sur la liste.

Pourtant, dans cet hôpital, nous avons un peu d'espoir, tout à coup. Peut-être parce que ici on ne traite que des enfants malades. Peut-être aussi parce que ici les médecins, les infirmiers, ont l'habitude de s'adresser aux parents. Ils ont pris en charge un bébé dont les journalistes ont beaucoup parlé, c'est le ministère de la Santé qui a estimé son transfert nécessaire, ils ont entendu parler de notre détresse. Enfin, nous sommes accueillis en même temps que Nolan, impliqués, informés. Et surtout, enfin, il semble que les médecins soient parvenus à atténuer ses souffrances.

Juste après l'opération, on note une nette amélioration chez Nolan. Il ne pleure plus sans arrêt, il arrive même qu'il sourie et qu'il gazouille un peu. Il me reconnaît, je crois. Ou bien il a accepté de faire connaissance avec moi. Accepté cette femme qui depuis qu'il est sorti du coma ne le quitte quasiment jamais, qui le caresse, l'embrasse, essuie ses larmes, qui lui raconte des histoires, lui fredonne des chansons, qui l'aime… Tout simplement.

Pendant deux mois, j'ai le choix : passer mes nuits sur une chaise à côté de mon fils, et sortir chaque fois qu'un soignant passe vérifier sa température, plusieurs fois par nuit, ou rentrer chez moi en Picardie. Alors je prends ma voiture, aux aurores, je me gare sur le parking et je monte dans un train qui m'emmène jusqu'à la gare du Nord, d'où je prends le métro, puis le RER jusqu'à l'hôpital. Et le soir, pareil en sens inverse. Chaque fois en serrant les dents et en m'agrippant à mon sac à main. Je ne suis pas tranquille en ville, dans les couloirs sales et mal éclairés des transports en commun. Je n'ai pas l'habitude de ce genre d'environnement ni du genre de personnes qui arpentent ces couloirs. Je suis humaine : ce que je ne connais pas ne m'inspire pas confiance. Nolan va un peu mieux, mais j'ai juste l'impression d'avoir changé de quartier d'enfer.

Nous fêtons Noël, si l'on peut dire que nous le fêtons, à l'hôpital à Paris, et puis nous rentrons tous les trois sur Amiens où nous retrouvons l'équipe médicale que nous connaissons bien maintenant… Les soignants ont reçu des recommandations de Necker au sujet de Nolan : il n'est plus question d'acharnement à le nourrir de façon à ce qu'il grossisse, coûte que coûte. Il est pris en charge par plusieurs spécialistes à la fois. Il est devenu un malade auquel on fait particulièrement attention, comme s'il fallait rattraper une faute : celle d'avoir baissé les bras trop vite, d'avoir considéré qu'il était vivant mais comme mort, et qu'il ne valait plus la peine de déployer des efforts pour lui.

Je sais bien que ça ne s'est pas vraiment passé comme ça. Que les médecins d'Amiens, que tous les médecins que Nolan a croisés après l'intoxication, ont fait leur travail du mieux qu'ils pouvaient. Je sais qu'ils voulaient sauver Nolan, au début. Je ne doute pas de leurs compétences. Je sais que ce sont aussi des êtres humains et que voir ce petit garçon massacré ne leur faisait pas plaisir… Je sais encore que d'autres parents que moi ne se seraient pas autant battus pour leur enfant. Que d'autres auraient estimé que la vie dans ces conditions, c'est-à-dire lourdement handicapé, ne promettait pas assez de moments de bonheur pour être vécue. Qu'ils auraient acquiescé en entendant les médecins dire qu'il n'y avait plus d'espoir. Seulement voilà : je n'ai pas dit : « Oui, d'accord, j'entends, je comprends, je renonce ». Et, miraculeusement, Nolan lui-même, malgré ses souffrances, s'est accroché à la vie. Alors on en était là : à 2 ans et demi, il était handicapé, et c'était pour toujours, mais jusqu'à la fin de son existence, il y avait des soins à lui donner et, pour lui, de belles choses à vivre.

Le 20 janvier 2012, le neuropédiatre qui supervise son cas écrit dans un bilan : « Nolan garde un handicap neurologique et cognitif sévère sous la forme d'une tétraparésie (paralysie partielle des quatre membres) spastique (avec contractures musculaires entraînant des rétractions des segments de membres). » La liste des médicaments qu'on lui fait prendre est interminable. Je la trouve dans un autre bilan, daté du 9 mars : « Azantac, Efferalgan, Adalate, Artane, Cozaar, Gabapentine, Inexium, Laroxyl, Lioresal, Oracilline, Renitec, Bicarbonate de sodium, Valium, Xenazine, Zophren, Insulatard, Atropine collyre… »

Toute cette chimie sert à lutter contre les reflux, et donc les vomissements – parce que Nolan vomit encore souvent –, mais aussi contre les ulcères, l'hypertension, l'épilepsie, les troubles des mouvements, les tremblements… Le Valium, j'imagine, c'est pour qu'il soit tranquille. Qu'il dorme. J'aime quand il dort…

À la fin du mois de janvier, Nolan retourne en MPR où les infirmières semblent contentes de le revoir maintenant qu'il souffre moins. Nolan demande beaucoup de soins parce qu'il fabrique trop de salive et qu'il peut s'étouffer. Elles font attention à lui et à moi aussi. Ça me fait du bien de les entendre reconnaître que j'ai eu raison de me battre pour qu'il soit mieux pris en charge. En quelque sorte, nous sommes, elles et moi, les petites gens que n'écoutaient pas les docteurs si savants. En mars, Nolan repart à Necker où il est anesthésié à nouveau pour la pose d'un bouton de gastrostomie[1] en remplacement de la sonde en place... Qui ne résoudra pas le problème des vomissements.

Necker a permis d'améliorer son état, mais il n'y a pas eu de miracle. Nolan ne fait aucun mouvement volontaire. À force d'être sollicité, il tient sa tête quelques secondes et puis il la laisse retomber. Il passe beaucoup de temps allongé sur un lit, tenu par des coussins. Son corps se déforme. Mais ses yeux bougent. Il y a de la joie dans son regard quand on lui parle, quand on lui met des chansons qu'il aime, quand je le prends contre moi et qu'il se détend. Voilà comment est Nolan maintenant, moins d'un an après qu'il a avalé ce satané steak haché. Je sais par Me Rault que les autres enfants vont mieux. Certains garderont quelques séquelles néphrologiques – aux reins –, mais aucun ne va aussi mal que Nolan. Et c'est tant mieux. Tant mieux s'il n'y a aucun autre petit handicapé aussi lourd. Tant mieux si personne ne souffre comme lui. Est-ce qu'il se rend compte, lui, de ce qu'il se passe ? Est-ce qu'il se souvient de chez nous, de ses jouets, du chien ? Les médecins affirment tous, ceux de Necker aussi, que son cerveau est trop atteint et qu'il ne se réparera pas. Mais les séances de kinésithérapie et d'ergothérapie sont censées entretenir un minimum

1. La gastrostomie percutanée endoscopique permet de mettre en place, par les voies naturelles, une sonde dans l'estomac qui ressort à travers la peau de l'abdomen entre les côtes et le nombril. Elle sert à l'alimentation, à l'hydratation et à l'administration de médicaments.

son corps et, grâce au travail de l'orthophoniste, il arrivera peut-être peu à peu à communiquer. En tout cas il faut essayer, continuer de le solliciter, de le motiver. S'il ne comprend plus les mots (mais peut-être qu'il les comprend, comment savoir ?), il saisit au moins les intentions. Alors on insiste. Avec mes beaux-parents, mes sœurs quelquefois, et Magali surtout, on se relaie auprès de lui. Ma mère et mon père sont aux abonnés absents. Je leur en veux et je suis vraiment agacée par mon père qui s'accable tout seul pour ce qui est arrivé, même s'il n'y est pour rien. Quoi qu'il arrive, je suis là tous les jours, près de mon petit garçon. À ma place.

*
* *

Quand Nolan est né, Micka et moi sommes devenus parents à cent pour cent. Toute notre vie s'est organisée autour de notre fils. Je l'ai dit : je voulais trois enfants avec le même homme. Pondre des gamins à la chaîne ne faisait pas partie de mes projets. Je n'ai jamais pu comprendre pourquoi ma mère avait eu autant d'enfants et ne s'en était jamais bien occupée. Ma sœur Véronique, lui a posé la question, et voici la seule réponse qu'elle a obtenue : « J'aimais être enceinte. » J'imagine qu'elle avait un grand vide en elle et qu'elle avait besoin de se remplir de vie. Elle ne se rendait pas compte qu'après chaque grossesse, il y avait sur Terre un bébé qui allait devenir grand et qui avait besoin de soins et d'amour. Jusqu'à ce qu'elle parte de la maison, quand j'étais adolescente, ma mère a fait sa part : mes sœurs et moi n'avons pas été malheureuses, mais elle n'était pas du tout la même mère que j'ai tout de suite été, moi, avec Nolan. Je n'ose pas imaginer comment elle aurait réagi si l'une de nous était devenue handicapée. En fait je n'ai pas besoin de l'imaginer, je le sais : elle aurait prétexté qu'il y avait les autres filles dont il fallait s'occuper et elle aurait laissé tomber celle qui était malade. Après que la bactérie a attaqué le corps de Nolan, rien n'a changé pour moi : j'étais déjà pleinement sa mère. Alors après le 13 juin 2011, quand Nolan a été admis à l'hôpital de Beauvais, notre vie est restée concentrée sur notre fils unique. Mais ce n'était plus la même vie. Ça ne serait plus jamais la même vie.

Mon instinct est juste depuis le début. Dès l'intoxication, dès que l'état de santé de Nolan se dégrade, j'en suis certaine : je suis faite pour être mère. Quelques mois plus tard, à Necker, de retour à Amiens, je me le répète : maintenant, tant que mon fils vivra, je serai la mère d'un enfant qui ne parle pas, qui ne marche pas, qui ne mange pas et qui vomit. Je suis la mère d'un enfant pour lequel il n'y a pas d'espoir. Je l'accepte et je n'ai même pas à me forcer pour ça : mon fils, tel qu'il est handicapé, je l'aime autant que lorsqu'il me disait « à pusss » en me voyant partir travailler. Je l'aime peut-être même encore plus, parce que je l'admire. Il est fort. Il a envie de vivre. Tous les jours, c'est lui qui m'apprend à devenir forte moi aussi. À combattre le monde.

14

Des contrôles, pas de contraintes

Les 23 et 24 août 2011, la gendarmerie a auditionné plusieurs personnes qui travaillaient à la SEB ou extérieures à la SEB mais travaillant pour elle. Dans le cadre de l'enquête, le but était de déterminer qui faisait quoi, et donc qui était susceptible d'être responsable des manquements aux contrôles sanitaires, ceux que monsieur M. avait pointés lors de sa visite du 16 juin. Puisque depuis son rapport, il ne faisait plus aucun doute que l'entreprise qui avait fabriqué les steaks hachés n'avait pas fait les choses « dans les règles de l'art », comme le prétendait pourtant son patron, Guy Lamorlette…

Parmi ces personnes entendues, il y a notamment monsieur L., le directeur et responsable technique d'Agrobio, le laboratoire qui signait les analyses que demandait la SEB. C'était donc l'homme qui dirigeait les techniciens dans leur travail et validait leurs résultats. L'homme qui a signé de son nom l'analyse portant la mention « NON SATISFAISANTE » et les contre-analyses complémentaires ordonnées par son client et jugées seulement « ACCEPTABLES ». Limite, non ? Si j'ai bien compris le rapport de monsieur M., l'entreprise aurait dû prélever d'autres échantillons du lot au lieu de repasser le même échantillon au contrôle. Le but de l'audition, c'est de déterminer qui n'a pas ordonné les analyses qui auraient permis d'écarter définitivement tout risque… ou la viande contaminée.

Monsieur L. explique que son laboratoire de microbiologie travaille à 90 % sur des aliments, essentiellement d'origine animale, et que la SEB représentait environ 15 % de son activité. « C'était donc un gros client », a assuré cet homme, au point qu'Agrobio a installé un laboratoire dans les locaux mêmes de la SEB, carrément. « Le fait d'installer un laboratoire à Saint-Dizier a entraîné la signature d'un contrat de prestation de service. Une technicienne Agrobio travaille à plein temps sur place. »

Ce dispositif a été mis en place pour permettre à la SEB de débloquer la marchandise en « flux tendu » et ainsi de limiter les stocks pour ne pas arriver à un blocage de la production du jour. Monsieur L. souligne la « forte réactivité » imposée par son client : il fallait faire vite, et donc ne pas hésiter trop longtemps… Les gendarmes demandent alors qui définit la nature des analyses effectuées pour le compte de la SEB. La réponse du directeur adjoint d'Agrobio est claire et nette : « Il s'agit d'une discussion tripartite : le professionnel qui propose l'analyse et en endosse la responsabilité sur la fiabilité des analyses (Agrobio), l'industriel qui doit se tenir à jour des avancées scientifiques dans son secteur (SEB-Cerf) et les services vétérinaires. Je précise que le moteur principal est bien l'industriel. »

Il évoque ensuite les différentes analyses que sa technicienne est amenée à faire, les bactéries qu'elle recherche systématiquement et il semble « disculper » son client sur les *E. coli* : « J'ai l'impression que la conduite à tenir est bien définie dans le cadre du plan de maîtrise sanitaire pour les pathogènes comme salmonelles et listeria. Pour les *E. coli*, j'ai l'impression que la SEB fait plus une gestion au cas par cas, dans l'attente d'une clarification des textes réglementaires dans le domaine. » Il disculpe aussi son propre laboratoire en précisant que ses membres interprètent les résultats en fonction des critères de l'entreprise : « Nous n'engageons pas la réglementation. Nous donnons les résultats au vu du cahier des charges. » Plus tard, il ajoute : « L'entreprise bâtit son plan de maîtrise sanitaire qui sera approuvé ou non par les services vétérinaires du département. Les germes retenus sont cités avec leurs critères. Agrobio reprend tous ces éléments dans ses analyses. »

Quand je regarde tout ça aujourd'hui, avec le recul, je me dis que chaque partie prenante dans la chaîne de fabrication, sachant qu'une dizaine d'enfants avaient été malades et garderaient des séquelles à vie, avait peur pour son matricule. Est-ce que ce monsieur L. pensait qu'il aurait dû faire plus pour alerter sur le danger ? Est-ce qu'il en avait eu les moyens ? Le fait qu'il se retranche derrière des réglementations selon lui pas assez claires ne me renseigne pas. Même monsieur M., fonctionnaire de l'État, ne paraissait pas si tranquille. Évidemment, ce n'est pas lui qui a laissé la viande contaminée de la SEB partir sur la chaîne de production des steaks hachés, mais est-ce qu'il a vraiment bien fait son boulot ? En fait, la question juste est : a-t-il pu le faire correctement ? Dans une note du ministère de l'Agriculture datée d'octobre 2011, il est spécifié qu'« il appartient aux services vétérinaires de s'assurer que les professionnels [de la production de steaks, en l'occurrence] ont pris en compte a minima dans leur plan de maîtrise sanitaire (PMS) les critères du règlement (CE) n2073/2005 (*listeria*, *salmonella*, flore aérobie totale, *E. coli*) ainsi que *E. coli* O157:H7 dans le cas de viandes hachées, et qu'ils ont mis en place des moyens de maîtrise de ces dangers, principalement basés sur une sélection rigoureuse des matières premières ».

Après l'alerte de juin 2011 qui a laissé mon petit Nolan handicapé, monsieur M. a déclaré dans la presse qu'il ne serait pas étonné qu'un nouvel accident du même type se produise parce qu'il était seul, au niveau de son département – la Haute-Marne, où était implantée la SEB – pour contrôler toute « l'industrie agroalimentaire, les restaurants, les grandes surfaces, les abattoirs et les entités de plus petite taille comme les fromageries ». Je veux bien imaginer que ça faisait beaucoup pour un seul homme… C'est toujours la question du manque de moyens dans les services de l'État, dans les hôpitaux, dans les écoles, dans les centres des impôts, dans les tribunaux, etc. Toujours le problème des services publics qui ne fonctionnent plus parce qu'il n'y a plus assez de monde pour faire le boulot, et que ceux qui restent en ont par-dessus la tête.

Je me demande aussi : est-ce que le laboratoire Agrobio pouvait se retrancher, lui, derrière un manque de moyens ? Ils ont écrit au bas de l'analyse problématique « NON SATISFAISANT » et seulement « ACCEPTABLE » sur les suivantes. Ils s'en sont tenus au règlement qu'ils avaient établi dans le cadre de leur relation commerciale. Au moment de l'audition de monsieur L., Agrobio espérait-il encore garder son client ? Je ne pense pas, puisque la SEB avait été mise en redressement judiciaire fin juin et que Lidl avait rompu son contrat avec la société dix jours plus tôt.

Monsieur L. indique encore aux gendarmes que, selon lui, l'usine aurait dû demander plus d'analyses, qu'il y avait bien ce qu'il appelle « un bruit de fond ». Qu'à tout le moins, il aurait fallu transformer les produits par la cuisson pour éliminer la bactérie, et non transformer le minerai en steak haché congelé, la congélation ne tuant pas la bactérie. Alors, puisque c'était si clair, selon lui, pourquoi est-ce qu'il ne l'avait pas exigé ? Parce qu'il n'en avait pas le pouvoir. Il ne pouvait pas contraindre la SEB à quoi que ce soit. Déjà, deux coupables semblaient tout désignés : Guy Lamorlette, le P-DG, et Laurent Appéré, le responsable qualité de l'usine.

15

De retour à la maison, plus rien n'est comme avant...

Au printemps 2012, Nolan va sur ses 3 ans. Il a repris deux kilos. J'ai du mal à me rendre compte s'il a grandi parce qu'il ne tient pas debout, bien sûr, et parce que ses membres se déforment. Il sourit un peu. Émotions positives. Il crie quand je pars. Émotions négatives. Qu'on ne vienne plus me dire que son cerveau est complètement grillé, qu'il n'y a plus d'évolution à espérer de sa part. Il émet des sons qui montent du fond de sa gorge, assez graves, et même assez forts. Content, pas content : au moins, il se fait comprendre.

Les soignants du service de MPR continuent de m'aider à m'occuper de lui. À apprendre à manipuler son corps à la fois raide et sans force. Ils sont satisfaits que je sois là dans la journée, mais le problème pour eux, c'est la nuit. Au moment où je pars du service, le soir, pour rentrer chez moi, Nolan se met à hurler. Dès qu'il ne me voit plus, il pousse des cris vraiment puissants, étonnants pour son corps si faible. Ça me déchire le cœur. L'angoisse de la séparation, beaucoup d'enfants de 3 ans l'éprouvent quand leurs parents les laissent à l'école maternelle, au moins les premières fois. Ce que Nolan ressent quand je le quitte, ce n'est peut-être que ça : la peur de rester sans maman pendant plusieurs heures alors qu'il voudrait juste être avec moi… comme quand il était encore bien portant, à la maison, et qu'il m'appelait la nuit pour que je le prenne dans mon lit. Entre Micka et moi, il se rendormait profondément, il se sentait en sécurité, heureux. Lorsque je quitte l'hôpital, le laissant seul avec les infirmières, il sait bien qu'il aura beau appeler, je ne viendrai pas le chercher. Et autant on peut rassurer un petit de 3 ans en lui disant qu'il doit être raisonnable, qu'il va passer une bonne journée avec la maîtresse d'école et les copains et qu'on se retrouvera le soir pour rentrer ensemble à la maison, autant il n'y a pas moyen de rassurer un enfant qui est comme enfermé dans son corps. Alors j'imagine bien son angoisse quand je pars, mais je n'ai pas le choix, il faut bien que je puisse souffler un peu. De toute façon, il n'y a pas de lit pour moi dans ce service.

Et puis, finalement… La MPR va trouver un moyen de me faire rester la nuit aussi. Et le pire, c'est que je suis d'accord, mille fois d'accord, pour tenir la main de mon petit garçon au lieu de me reposer. Parce qu'il souffre, encore. C'est insupportable de voir son enfant souffrir en permanence : l'alimentation par la sonde gastrique se fait en fin de journée et Nolan a comme des crampes d'estomac qui le torturent. Il vomit sans cesse. Il a mal, il le fait savoir, les infirmières ne peuvent pas s'occuper particulièrement de lui en même temps qu'elles prennent les autres malades en charge : mon rôle de maman se prolonge donc. Enfin, bientôt, on reprend les « permissions », comme ils disent. À la maison, ça ne se passe pas mieux qu'à l'hôpital. Nolan a mal au ventre, il vomit et il pleure quoi que je fasse. Micka et moi, on tient le coup. On ne dort pas deux nuits d'affilée, et pas tellement le jour non plus, Micka va travailler, on continue de préparer à manger pour nous, on fait le ménage. C'est fou. Où est-ce qu'on trouve la force ?

*
* *

Au sein du service de MPR, je rencontre d'autres parents. Des mères surtout, parce que ce sont les mères qui sont là, auprès de leur enfant malade. C'est toujours la même chose : les mères ne veulent pas quitter les petits, et comme les hommes rapportent le plus gros salaire de la maison, ils ne lâchent pas leur boulot, ça les arrange bien, dans le fond, mais on ne peut pas leur en vouloir... Tant qu'ils restent, parce que les pères, apparemment, n'ont pas toujours le courage, ou la volonté, de rester auprès de leur famille quand il se passe quelque chose de grave. Dans notre cas, il est même arrivé un drame, irréversible, mais au moins, Micka est présent à nos côtés quand il ne travaille pas. Je l'ai dit, c'est un homme bien…

Et puis, un jour, toujours dans le service de MPR, je rencontre une femme qui emmène un garçon handicapé… et qui n'est pas le sien. Elle m'explique qu'elle travaille dans un centre spécialisé et qu'elle prend soin de lui. Dans le cadre de sa prise en charge médicale, il fait des passages en MPR de temps en temps. Je sais que Nolan ne peut pas rester indéfiniment dans ce service de l'hôpital. On me pousse à le prendre de plus en plus à la maison, même si c'est éreintant. Tous les jours j'ai l'impression de porter le monde sur mes épaules, et le monde pèse lourd. Cette femme me vante le centre d'accueil où elle travaille. « Il y a des kinés, des ergothérapeutes, des orthophonistes, tout ce qu'il faut pour aider les enfants dans l'apprentissage. » L'apprentissage… Qu'est-ce que Nolan peut apprendre ? Et puis je rencontre un nouveau pensionnaire du service de MPR, un adolescent. Il souffre de plusieurs handicaps. Et il se retrouve seul tout à coup : sa mère, qui s'occupait de lui, sans l'aide de personne puisque le père est parti, vient de décéder. Une infirmière m'explique que s'il avait été placé dans un centre, même seulement quelques jours par semaine, depuis plusieurs années, il aurait pu évoluer différemment. Que les parents meurent avant leurs enfants, c'est dans l'ordre des choses, rien à dire. Mais il paraît que ceux qui se dévouent pour les autres meurent plus vite, d'épuisement.

À cette période-là, Micka et moi avons compris que notre vie ne sera pas celle qu'on avait imaginée, avant. Nous avons renoncé. Il y avait une réalité – nous étions un couple heureux avec un enfant bien portant, et tout ça nous paraissait normal –, il y en a une autre maintenant : nous sommes un couple qui se serre les coudes et qui fait bien ce qu'il peut pour garder encore le sourire tout en s'occupant de son petit garçon lourdement handicapé et sans espoir de guérison. Alors nous discutons longuement de notre organisation. On avait déménagé dans une maison plus grande pour avoir un autre enfant. Nous remettons tout en question : est-ce qu'on doit renoncer à agrandir notre famille ? Nolan est comme il est maintenant, et il aura toujours plus besoin de nous, au quotidien, qu'un enfant qui grandirait normalement. Est-ce qu'on doit arrêter tout le reste pour autant ? Ne plus avoir de projets, ne plus partir en vacances, ne plus vivre que pour lui ? Est-ce que je ne travaillerai plus jamais ? Parce que j'aime travailler, sortir de chez moi, parler avec des gens, mettre de l'argent sur le compte commun moi aussi. Depuis que Nolan est devenu malade, je ne vois plus que des personnes du monde médical et tout tourne autour de mon fils. Je n'ai plus de vie à moi. Mais de là à m'autoriser, à moi-même, à retrouver un peu de vie personnelle, de plaisir…

Magali et mes sœurs nous disent qu'elles comprendraient très bien que l'on confie Nolan à une institution. J'ai du mal à admettre l'idée. Pour moi, c'est un peu comme si j'abandonnais mon fils... Le seul fait que les autres membres de la famille reconnaissent mon dévouement me réconforte. Ils ont l'air de comprendre que je ne peux pas aller beaucoup plus loin. D'un autre côté, je suis fatiguée, tellement fatiguée, et ça, je ne peux que le reconnaître, parce que ça fait partie de notre réalité quotidienne désormais : nous sommes, Micka et moi, au bord de l'épuisement. C'est physique et c'est moral à la fois. Depuis plus d'un an, on se bat pour notre petit garçon, pour qu'il vive et qu'il vive le mieux possible dans ce contexte, dans un fauteuil roulant, alimenté par une sonde, incapable de parler, mais on se démène quand même pour lui procurer du plaisir. Sauf que nous sommes en train d'y laisser notre propre santé. Et pourtant, j'apprends qu'il va bien falloir que j'en fasse encore davantage : pour les médecins de la MPR, l'affaire est entendue, Nolan n'a plus rien à faire chez eux. Il est stabilisé, je sais m'en occuper, je vais y arriver. Si je n'en suis pas convaincue, eux l'affirment assez fort pour que je ne proteste pas. Alors nous reprenons Nolan à la maison, à temps plein, avec la peur de mal faire... mais nous n'avons pas le choix.

Sa chambre est au premier étage, j'ai peur de tomber dans les escaliers chaque fois que je le porte, à la montée comme à la descente. Je l'y installe la nuit et je reste près de lui. Dans la journée, je descends Nolan dans le salon avec moi, je le cale entre des coussins sur le canapé, parfois j'allume la télé pour nous tenir compagnie. Il dort très peu, et encore moins la nuit que le jour, à cause des douleurs liées à l'alimentation. Si je disparais de la pièce où il se trouve, même une minute pour passer aux toilettes, il crie. Alors quelquefois, évidemment, je le laisse crier un peu. Il faut bien que je prenne ma douche, que je m'occupe un minimum de moi. Micka travaille, il n'est pas là.

Il m'arrive de perdre mes nerfs, et j'ai honte aussitôt, mais parfois je parle mal à mon fils. Je lui dis que j'en ai marre, marre de lui, que ce n'est pas possible, ses caprices, qu'il faut qu'il arrête, sinon je m'en irai. Par moments, même si ça ne dure qu'une fraction de seconde, je pense que ce serait mieux qu'il soit mort. C'est une mauvaise pensée qui me traverse, comme un courant d'air glacé quand on ne ferme pas une porte assez vite. Comme quand je pensais aller m'encastrer dans un platane. Qu'est-ce que j'y peux ? Je pleure, je crie moi aussi, et tant pis si Nolan me voit, tant pis s'il m'entend, de toute façon je ne me maîtrise pas dans ces moments-là. Je craque, c'est tout.

Je dis tout ici, j'ai honte d'avoir voulu qu'il meure, honte d'avoir voulu mourir aussi pour échapper à cet enfer, mais je veux tout dire quand même, parce que j'ai besoin de me libérer de tout ça, et parce que je veux être honnête surtout. Sinon, pourquoi raconter l'histoire de Nolan ? Je ne suis pas une héroïne. Je ne suis pas plus forte qu'une autre et je n'ai pas de fierté par rapport à ce que j'ai fait ou pas fait.

Ce que j'ai pu. Voilà : j'ai seulement fait ce que j'ai pu.

*
* *

Quand je me tiens près de lui à la maison, ou quand il est dans mes bras, il est calme, je lui parle, il a l'air de comprendre. « On va se promener, Nolan ? » Il pousse un petit cri en rejetant la tête vers le plafond par un mouvement du menton : ça veut dire qu'il est content. Je l'habille, je le coiffe, je lui dis qu'il est beau, que je l'aime.

On a touché 20 000 euros par l'assurance de Lidl pour acheter une voiture adaptée au fauteuil roulant, qui, lui, a été pris en charge par la Sécurité sociale. Alors je le pousse, on ne croise pas grand-monde dans notre petite ville, et tant mieux, et tant pis… J'ai décidé que je me fiche des regards de pitié. Pas de vacances pour nous, pas de soleil dans nos vies.

Le 21 juillet 2012, on fête le troisième anniversaire de Nolan, mais le mot fête n'a pas de sens. C'est comme pour Noël désormais : puisqu'il n'est plus capable de déchirer un papier cadeau et de se réjouir à grand bruit de ce qu'il découvre dans un paquet, à quoi bon ?

Enfin arrive le jour de la rentrée. Le premier lundi de septembre, le jour où il serait rentré en petite section de maternelle, normalement, Micka et moi emmenons Nolan au centre éducatif Jules-Verne, à

Amiens, celui où travaille cette femme que j'ai rencontrée en MPR. Nous avons rendez-vous pour voir, juste pour voir. Pour l'instant, rien n'a été décidé. Je n'ai pas accepté que Nolan soit pris en charge par des personnes étrangères à notre famille. J'ai seulement accepté l'idée d'y réfléchir, après avoir vu... Dès qu'on y arrive, j'ai envie de repartir. Qu'on rentre à la maison, tous les trois, et fin de l'histoire : pendant qu'on attend d'être reçus dans le hall de l'accueil, les autres enfants, tous plus ou moins lourdement handicapés, arrivent les uns après les autres. Beaucoup poussent des hurlements, ça me fait peur. Je ne veux pas de ça pour mon petit garçon. Il devrait être heureux d'aller se faire des copains dans une cour d'école, content de mettre les mains dans de la peinture à l'eau et de fabriquer des figurines en pâte à sel, il devrait pouvoir rentrer le soir en râlant parce que c'était vraiment pas bon à la cantine. Je ne supporte pas que cet environnement soit tout ce à quoi il va avoir droit. Pour un steak haché.

Heureusement que Micka est là. Combien de fois nous nous sommes disputés, ces derniers mois, parce que nous sommes tellement fatigués, comme je l'ai dit, mais tellement en colère aussi... Parce que même si j'ai compris que c'est ça la réalité, maintenant, je n'arrive pas à l'accepter au fond de moi. Je ne peux pas me dire avec tranquillité que mon fils est handicapé pour toujours et que la vie est devenue lourde et compliquée. Mais Micka l'a plus ou moins accepté, lui. Il est capable de considérer que les choses étant ce qu'elles sont, on n'a pas d'autre choix que d'avancer. De composer avec la situation et d'essayer les solutions qu'on nous propose. Non, je ne veux pas de ça pour Nolan. « Micka, on reprend la voiture, on s'en va. » Il refuse. « Attends de voir, d'abord. Attends un peu. » La visite du centre va donner raison à Micka et à tous ceux qui voulaient me convaincre de confier Nolan à des étrangers. Ce sont des étrangers qui sauront s'occuper de lui.

16

Une nouvelle vie qui s'organise

Le premier soir, je reste avec Nolan au centre pour montrer aux soignants ce qu'il faut faire. Des tâches assez techniques, délicates, précises. Chacune d'elles a pour but de répondre à des besoins importants. Vitaux, même. L'administration des médicaments, dans le bon ordre, l'alimentation, les manipulations nécessaires en termes d'hygiène, alors que ses os sont fragiles et son squelette déformé...

J'ai déjà confié Nolan à mes beaux-parents et à Magali, parce que je savais que leur petit-fils, leur neveu, était une personne précieuse pour eux. J'étais plutôt tranquille en partant parce qu'ils sont de la famille, parce que je les connais, parce que peu à peu, ils ont pris l'habitude, comme moi, ils ont acquis des automatismes. Mais avec les étrangers, j'ai du mal à déléguer. J'ai peur que les autres fassent mal à Nolan, sans le vouloir bien sûr, et même si prendre soin des enfants handicapés est leur métier. Je sais aussi que j'ai besoin de souffler, de ne rien faire, juste de ne rien faire, de dormir et de retrouver mon mari. En plus, nous avons décidé d'avoir un deuxième enfant, finalement, convaincus que notre vie ne doit pas s'arrêter au handicap de Nolan. Je ne vais pas mettre si longtemps à le reconnaître : le personnel du centre Jules-Verne est formidable, attentif et compétent. Au fil des mois, une psychologue m'aide à voir plus clair sur ce qui nous est arrivé, elle me fait réfléchir sur mon histoire avant l'accident et, grâce à elle, j'ai plus confiance en moi et dans la vie. Je me sens prête à accueillir un deuxième petit.

*
* *

Je pensais qu'être mère, c'était élever un enfant. Lui apprendre ce qui est bien, ce qui est mal, l'encourager à faire ce qu'il aime. Mais être la mère de Nolan, ça n'a rien à voir avec ce que j'avais imaginé. Je n'ai pas à l'empêcher de faire des bêtises puisqu'il ne peut pas en faire. Je ne peux pas lui ouvrir les yeux sur le monde et m'émerveiller parce qu'il voudrait devenir pompier un jour et vétérinaire le lendemain, footballeur la semaine d'après. Je suis la mère d'un enfant sans avenir. Au présent, tout ce que je peux faire, c'est l'accompagner. Le soigner. Le consoler s'il a mal à en vomir. L'emmener à l'hôpital, tous les deux mois environ, quand il tombe malade, et que tout prend des proportions dingues, ou pour des soins réguliers.

Deux fois par an, on lui fait des injections de toxine botulique – contre le tonus musculaire excessif

– pour remettre ses membres dans leur axe normal. Ça fonctionne pour ses mains mais pas pour ses pieds. Il porte des attelles qui le blessent, alors je soigne les plaies. Ses hanches se déforment. Sa colonne vertébrale se tord. Il n'y a rien de normal dans l'enfance de Nolan, sauf une chose qui ressemble plus ou moins à la scolarité : tous les lundis matin, il part au centre Jules-Verne. Il y reste jusqu'au mardi soir et il y retourne le jeudi matin jusqu'au vendredi soir. J'ai décidé de voir les choses comme ça : il va à l'école, il est interne. Ses profs, ce sont les orthophonistes, les kinés… Il progresse et je le félicite. Quand il éprouve de la joie, il sourit franchement, et quand il est contrarié, il râle. Il tend les bras vers l'avant quand il veut que je le prenne dans les miens. À cette période, on respire un peu mieux, on arrive à trouver des moments de joie dans le quotidien avec notre fils, on se projette un peu dans la vie. Mais alors que je viens d'apprendre que je suis enceinte de mon deuxième enfant, Nolan doit subir une opération lourde des hanches.

Après l'intervention, ses jambes sont plâtrées et maintenues en position écartée, ce qu'il supporte très mal. Nous habitons toujours dans la même petite maison de location où rien n'a été adapté à notre fils. Ma grossesse avance, mon ventre est de plus en plus gros et lourd et, chaque matin et chaque soir, je dois porter mon garçon de 13 kilos, avec ses jambes plâtrées en plus, jusqu'au premier étage. L'opération n'a pas eu les effets escomptés. En septembre 2013, alors que je suis enceinte de sept mois, on m'annonce qu'il faut l'opérer à nouveau. Mêmes suites : il est plâtré. Je le porte encore pour le mettre dans la voiture et l'emmener chez le kiné deux fois par semaine. J'avais repris mon travail de caissière, contente de prendre un peu l'air, enfin, de croiser des têtes nouvelles. C'est fini. Trop enceinte d'abord, et trop nécessaire auprès de Nolan ensuite. J'ai peur en permanence. Peur que l'état de Nolan se dégrade tout à coup. Peur que ma grossesse s'arrête prématurément à cause de la fatigue. Peur de mettre au monde un enfant malade. Peur que nos voisins, qui n'en peuvent plus des cris de Nolan, ne s'en prennent à nous d'une façon ou d'une autre. C'est le cas, d'une façon lâche, minable : les services sociaux ont reçu une plainte, Nolan serait en danger. Ils lancent une enquête, une assistante sociale nous rend une petite visite. Il ne lui faut pas une heure pour constater que Nolan hurle tout simplement dès que je quitte son champ de vision, et elle repart en m'encourageant et en me félicitant, au contraire, pour mon dévouement.

N'empêche... Tout est lourd et je rêve de conditions de vie un peu plus confortables. Juste ça : je ne demande pas un miracle pour que mon fils chante *René la Taupe* et qu'il tape dans un ballon, juste que le quotidien soit plus léger. Est-ce que c'est trop rêver ? Pas selon Florence Rault, qui se bat pour que les assurances payent rapidement les aménagements nécessaires.

Le bébé dans mon ventre, c'est un garçon. Parfois je me demande si c'était vraiment une bonne idée de faire ce petit. Parfois je pense au contraire que ce sera chouette d'avoir une famille élargie, et que Nolan, même dans son fauteuil, sera le grand frère de ce bébé. J'essaie de ne pas me projeter plus loin. Il vaut mieux ne pas penser au jour où ce deuxième garçon saura faire plus de choses que son aîné. Ce sera l'affaire de quelques mois seulement. Le temps qu'il se déplace à quatre pattes et qu'il articule quelques syllabes.

*
* *

Nous sommes convoqués à Paris dans le cadre d'une expertise médicale contradictoire amiable entre la société d'assurance de Lidl – qui a vendu les steaks hachés – et nous. Il s'agit de faire admettre que Nolan ne récupérera jamais une autonomie et donc d'évaluer quels sont ses besoins aujourd'hui. En l'occurrence, c'est assez simple : une maison adaptée à son fauteuil, sans marches donc, avec des couloirs assez larges, et aussi une salle de bains médicalisée attenante à sa chambre équipée de tout le matériel, imposant et coûteux, que demande son état. Une chance pour la société d'assurance : on vit en Picardie, pas à Paris où le moindre mètre carré coûte tellement cher. J'accouche de mon petit Sullyvan quelques semaines plus tard. Il va bien, je vais bien, mais pendant la semaine que je passe à l'hôpital, alors que ma belle-famille s'occupe gentiment de Nolan, mon fils aîné me manque. Quand je rentre enfin, que je lui présente Sullyvan, il me fait payer de l'avoir laissé quelques jours. Il enchaîne les colères et se met à hurler dès qu'il me voit avec le bébé dans les bras. Évidemment, je ne peux pas toujours céder : il est important pour moi que Nolan accepte son frère. D'ailleurs, est-ce parce qu'il est si lourdement handicapé qu'il pousse de telles crises ? Est-ce que d'autres enfants de 4 ans qui voient arriver leur mère avec un bébé n'ont pas aussi peur d'être remplacés ? Est-ce qu'il craint que je sois moins disponible pour lui tout à coup ? De fait, je le serai moins puisque je n'ai qu'une paire de bras… Je ne peux pas faire grand-chose pour aider Nolan à accepter la situation. Je lui répète que je l'aime toujours autant mais qu'il doit partager ses parents maintenant. J'ajoute que c'est une chance pour lui, de ne plus être fils unique. Qu'un jour ce bébé qui ne sait encore rien faire sera un petit garçon lui aussi et qu'il pourra jouer avec lui, lui raconter des histoires, lui faire des câlins. Est-ce que Nolan comprend les idées ? Les mots ? Je ne le saurai jamais. Mais je place les deux enfants ensemble le plus souvent possible, pour créer le lien entre eux, et ça marche. Ils deviennent très fusionnels. Très vite, ils se cherchent s'ils ne sont pas côte à côte.

La vie continue, et nous espérons pouvoir emménager dans un logement plus convenable pour Nolan rapidement. Mais le temps des expertises est long…

Il faudra attendre encore des mois pour que l'affaire soit tranchée.

Enfin, un jour, nous sommes invités par la compagnie d'assurances de Lidl à visiter des maisons. Il faudra en choisir une pour Nolan, qui lui appartiendra. Nous allons vivre chez notre fils, c'est comme ça que les papiers doivent être faits. Florence Rault nous l'explique : de cette façon, on ne dira pas que nous profitons de la situation de notre garçon handicapé pour nous enrichir. Nous ne choisissons pas la plus grande maison, pas la plus chère non plus parmi toutes celles qu'on nous présente, mais celle qui nous paraît la plus adaptée aux besoins de Nolan. C'est un pavillon récent situé dans un petit lotissement, tranquille, entouré par des champs, avec un jardin assez spacieux à l'arrière et un portail large pour entrer le Berlingo avec la rampe d'accès pour le fauteuil. Il est facile d'aménager le rez-de-chaussée pour que Nolan y trouve tout le confort dont il a besoin. Nous ferons donc quelques travaux pour créer une salle de douche à fleur de plancher contiguë à la seule chambre de plain-pied. Nous partagerons le premier étage avec Sullyvan, et le petit troisième s'il vient un jour.

Bien sûr, il se trouvera quand même des imbéciles pour trouver que nous avons bien de la chance, alors que nous gagnons modestement notre vie, d'être si bien logés. Certains, même parmi nos proches, se permettront de nous balancer, l'air de rien, qu'on n'a pas tout perdu dans l'affaire. Mesquineries. Jalousies.

Bassesses. Le pire, c'est que ça me blessera. Plus philosophe que moi, Micka haussera les épaules. « Laisse-les dire, ce sont des cons. » Oui, il a entièrement raison. N'empêche. Je ne peux pas ne pas hurler que ces accusations sont injustes. J'aimerais que l'on comprenne ma douleur et que l'on entende ma colère. Je donnerais n'importe quoi pour revenir à cette fin mai 2011 où notre vie a basculé. Je rendrais les clés du pavillon et je retournerais gaiement dans la petite maison de location aux voisins bêtes et méchants pourvu qu'on me rende mon fils en bonne santé.

Dit comme ça, ça semble évident, non ? Que tout vaut mieux, pour des parents, que de voir leur enfant souffrir, puis vivre, ou plutôt survivre, si lourdement handicapé… J'ai grandi sans confort, mais j'avais de bonnes jambes pour courir dans le jardin avec mes sœurs et pour aller danser au bal. La vie de Nolan, c'était juste l'enfer. Et nous, ses parents, nous étions les chanceux de cet enfer ? Au moment où je raconte cette histoire, son histoire, il aurait 12 ans, il serait déjà collégien. Ça fait un peu plus de deux ans qu'il est décédé. Le responsable de sa mort dort toujours au chaud dans son lit.

17

Nous demandons justice pour Nolan

Régulièrement, Me Rault nous tenait au courant des avancées de l'affaire. Heureusement, parce que de notre côté, le temps s'étirait et on avait l'impression qu'il ne se passait plus rien. Que la justice ne progressait pas. Que l'injustice subie par Nolan ne serait jamais reconnue. Comme si tout le monde avait considéré que le mal était fait, de toute façon, et qu'il n'y avait rien à réparer. Dans un sens, c'était un peu vrai. On ne réparerait jamais Nolan. Ce que les médecins n'avaient pas réussi à faire, la justice ne le ferait pas non plus. Elle ne lui rendrait pas les années perdues, un avenir, elle n'effacerait pas les souffrances endurées, elle ne pourrait pas non plus promettre qu'il n'y aurait plus d'opération, plus de douleur, elle n'arrêterait pas le temps.

J'étais souvent découragée, et même désabusée parfois. La seule chose que je voulais était impossible : mon fils, debout, allant à l'école normalement, cela n'arriverait pas, je devais faire une croix dessus, me convaincre que Nolan était né comme ça, handicapé. Que l'avenir qu'il n'avait pas, il ne l'avait jamais eu… Et pourtant si. Je ne l'avais pas rêvé, mon Nono qui courait, dansait, frappait dans ses mains. Il était censé grandir, devenir un homme. Je l'avais rêvé, oui, mais c'était un rêve raisonnable jusqu'à l'intoxication alimentaire. Une petite voix au fond de moi m'assurait que oui, un procès était nécessaire, au moins pour Nolan. Pour qu'il entende de la bouche de ceux qui l'avaient empoisonné qu'il ne méritait pas ça. Pour que ceux qui avaient fait une erreur tellement grave lui demandent pardon. Pardon, au moins ça. Pardon, juste ça.

Guy Lamorlette, le P-DG de la SEB-Cerf, n'avait pas réussi à sauver son entreprise. Une boîte aussi dangereuse, je ne peux pas regretter qu'elle ait été fermée, je suis seulement désolée pour les dizaines de personnes qui y travaillaient et qui se sont retrouvées au chômage. Mais envers lui, j'étais pleine de colère. Il m'avait fallu tellement de temps pour me débarrasser complètement de l'idée qu'une partie de ce qui arrivait, une partie au moins, était ma faute… Mais non. Ma seule faute était d'avoir manqué de chance. D'être allée faire mes courses le jour où les lots empoisonnés de steak haché se trouvaient dans le rayon où j'ai pioché. C'est ce que je continuais à me reprocher, quelque part au fond de moi. Alors j'avais besoin d'entendre cet homme me dire que non, je n'y étais pour rien si mon fils se retrouvait dans cet état, que c'était lui le responsable. Lui ou quelqu'un d'autre de sa société, peu importe, mais de toute façon lui quand même, puisqu'il était le patron de l'usine.

Les jours où je n'étais ni découragée ni désabusée, les jours où Me Rault, ou Micka, ou Magali, me regonflaient assez le moral pour que je redevienne un peu plus combative, je répétais avec force que je voulais que Guy Lamorlette assume. Avec le recul, je me demande quel genre de patron il était. Parce que non seulement il n'a rien reconnu du tout, mais en plus, il a chargé son principal collaborateur, le directeur qualité, Laurent Appéré.

*
* *

Le 11 octobre 2011 à 9 heures, Guy Lamorlette répond à une convocation de la police : il se présente au commissariat de Saint-Dizier où il est aussitôt placé en garde à vue. Quatre mois se sont écoulés depuis que les enfants sont tombés malades à cause de ses steaks hachés. Le temps de l'enquête sanitaire, sûrement, et puis il y a eu l'été, les grandes vacances… Quand on dit que la justice est lente, j'ai pu constater que c'est vrai. Et ce n'était qu'un début ! J'espère qu'il a eu peur quand le capitaine de police de la SRPJ de Lille, en déplacement dans la Haute-Marne, lui a fait connaître les motifs de sa garde à vue. Comme c'est écrit dans le procès-verbal de l'audition, il y avait « plusieurs raisons plausibles de soupçonner qu'il a[vait] commis ou tenté de commettre un crime ou un délit puni d'une peine d'emprisonnement, en l'espèce l'infraction de blessures involontaires, manquement délibéré à une obligation de sécurité et de prudence imposée par la loi ou les règlements ». Il lui a aussi été dit que cette garde à vue, d'une durée de vingt-quatre heures, pourrait être éventuellement prolongée d'un nouveau délai de vingt-quatre heures maximum après présentation devant un magistrat, ce dont il était soupçonné pouvant être puni d'une peine d'emprisonnement « supérieure ou égale à un an »… Mais un an de prison pour réduire la vie d'un petit garçon à néant, est-ce que c'était assez pour lui faire peur, vraiment ? En tout cas, alors que les policiers lui ont proposé d'être assisté d'un avocat, il a jugé que non, ce n'était pas nécessaire, il pouvait se débrouiller tout seul. Ils l'ont donc conduit dans son bureau de la SEB et, pendant des heures, ils ont tout inspecté, tout fouillé. Ils ont saisi et placé sous scellés plusieurs documents, notamment dans son bureau, puis dans l'ordinateur de sa secrétaire, et ils sont revenus au commissariat.

Est-ce que Guy Lamorlette avait fini par comprendre que c'était du sérieux, tout ça ? Que l'histoire de l'année de prison, ou plus, n'était pas une menace en l'air ? En tout cas, il a changé d'avis sur la présence éventuelle d'un avocat à ses côtés et il a demandé qu'on en fasse venir un. L'après-midi, après avoir passé un moment en tête à tête avec son

« conseil », comme on dit, il a pu être auditionné. Ça ne m'est jamais arrivé, à moi, de devoir me justifier de quelque chose devant des policiers. Je sais que je serais impressionnée. Je me dis que ce doit être comme face à un médecin quand on n'en a pas l'habitude. On se sent tout bête, on n'ose pas poser de questions, on prend ce qu'il dit pour argent comptant, sans même s'autoriser à douter. Un policier, c'est même pire : il représente la loi, il vaut mieux ne pas la ramener, non ? Alors je me demande : il se passait quoi, dans la tête de Lamorlette, à ce moment-là ? Est-ce qu'il a pensé, au moins une seconde, qu'il allait payer parce qu'il avait fait quelque chose de grave ? Je veux dire grave, mais pas seulement pour lui ? Est-ce qu'il avait en tête l'image des enfants sur leur lit d'hôpital ? De mon petit garçon tout tordu, le regard vide, condamné à ne pas grandir ?

Interrogé sur ce qu'il a fait pour « déterminer d'où venait la contamination » des steaks hachés, tout de suite, il se targue d'avoir retracé la piste des lots problématiques et il en arrive aux résultats des analyses qui ont été ordonnées sur la viande. « Nous avons constaté que sur les 13 lots, 11 présentaient des résultats conformes, un n'avait pas été prélevé, c'est-à-dire qu'il n'avait pas fait l'objet d'analyses, et un lot présentait un résultat de 770 *E. coli* au gramme. C'est le laboratoire Agrobio qui a effectué cette analyse. Le lot en question a fait l'objet de cinq contre-analyses, toujours par Agrobio, qui ont donné en

E. coli 40, 30, 70, 70 et 60. Monsieur Appéré a pris la décision de libérer le lot, compte tenu des résultats des cinq contre-analyses et de la réglementation qui ne prévoit pas de retrait ou de rappel des lots. »

Donc, s'il fallait établir un classement des responsables, selon Lamorlette, il ne montait pas sur le podium. Au mieux, il arrivait quatrième derrière le laboratoire, son propre directeur qualité et la réglementation. Et peut-être même cinquième… derrière moi ou les autres parents qui avaient cuisiné les steaks ! Parce qu'il insiste, il est sûr de son fait ; quand les policiers lui demandent ce qu'il sait de la fameuse bactérie *Escherichia coli*, il répond : « L'origine de la bactérie intervient au niveau des abattoirs, ainsi qu'en relation avec la propreté des animaux. Concernant l'homme, je ne suis pas scientifique mais certaines bactéries ne sont pas lourdes de conséquences. D'autres souches, telles que la H7, sont dangereuses pour les enfants et les personnes âgées. » Et là, il ajoute : « D'où l'existence de recommandations visant à inciter le consommateur à faire cuire son steak à cœur, soit à 70 degrés. Toutes nos boîtes supportent la mention "à consommer cuit à cœur". »

Comme si une pauvre petite phrase sur un emballage dédouanait le fabricant de toute responsabilité…

Plus tard dans la soirée, les policiers ont déjà travaillé de leur côté pour étudier les documents saisis le matin dans les locaux de la SEB, et Guy Lamorlette est entendu à nouveau sur des points qui semblent, aux yeux des enquêteurs, litigieux. Ils ont notamment relevé que le montant facturé par le laboratoire Agrobio a beaucoup chuté entre 2009 et 2010, alors que le chiffre d'affaires de la SEB, lui, a légèrement augmenté. Ce qui peut laisser penser que la SEB a demandé moins d'analyses pour un volume au moins équivalent. Entendu le lendemain, le directeur financier n'a pas été capable d'expliquer ce paradoxe.

Ce 11 octobre 2011, Lidl a déjà mis fin à son contrat avec l'entreprise de Guy Lamorlette, dont la société a été placée en redressement judiciaire. Elle cherche un repreneur avant le 3 novembre – il n'y en aura pas. Lidl représentait 60 % du chiffre d'affaires de la SEB. Comme les enquêteurs, je ne peux pas m'empêcher de me demander si Guy Lamorlette, plutôt que de prendre le risque de ne pas honorer les commandes de son client principal en juin 2011, a préféré fermer les yeux sur des analyses douteuses. N'oublions pas que depuis janvier les contrôles n'étaient plus effectués que de façon « aléatoire ». L'entreprise avait donc peut-être déjà pris le risque de mettre en vente des produits contaminés et donc que des personnes tombent malades. Sauf que cette fois, ça n'est pas passé.

Au soir du 11 octobre 2011, vers 22 heures, les policiers font signer sa déposition à Guy Lamorlette, et il rentre chez lui. Ce soir-là, je me tiens près de Nolan dans une chambre de pédiatrie au CHU d'Amiens. Un passage d'une quinzaine de jours, le temps de subir la pose d'une sonde jéjunale lestée afin de l'alimenter, et puis d'attendre pour voir si ça se passe bien, s'il peut la supporter.

Ce même jour, Laurent Appéré, responsable qualité de la SEB, est également convoqué au commissariat de Saint-Dizier. Lui, aujourd'hui, ne m'inspire plus que de la pitié. Parce que lui, au moins, a éprouvé des regrets.

18

Nolan riait aussi

Au Centre Jules-Verne, où Nolan passait quelques jours par semaine, les petits pensionnaires comme lui avaient droit à des animations. J'ai vu de nombreux enfants atteints de problèmes neurologiques lourds dans cet endroit. Plus lourds que ceux de Nolan, même, parce qu'ils n'interagissaient pas du tout avec leurs parents, avec les éducateurs, les soignants. Ils dormaient énormément, même dans la journée. Ils végétaient. Je ne peux pas savoir ce qu'il se passait dans leur tête et dans leur corps, mais il me semble qu'ils n'avaient pas de plaisir à vivre. Que rien ne leur donnait ni émotions ni joie ni tristesse. En les regardant, je me disais que c'était comme un refuge, pour eux, ce sommeil. Je pensais que s'ils étaient conscients de leur état, et de la différence avec les valides, alors ils dormaient pour fermer les rideaux sur leur vie. Pour s'oublier un peu, le temps d'une sieste, pour tout oublier. Sûrement qu'ils dormaient juste pour se reposer, parce que le moindre effort leur coûtait beaucoup, mais je notais bien la différence avec Nolan. Mon fils, lui, ne voulait pas fermer les yeux sur qui il était ni sur ce qu'il se passait autour de lui, et surtout pas sur ce qui pouvait lui donner du plaisir. Il voulait profiter de la vie. Il voulait regarder ce qui était beau, les oiseaux, la nature, les voitures, son frère, ses parents, la mer. Et au Centre Jules-Verne, il voulait voir les clowns.

Si je me souviens bien, ils venaient le jeudi après-midi. Peut-être pas chaque semaine, je ne sais plus, mais en tout cas assez régulièrement. Leur arrivée était annoncée aux enfants, et certains s'en réjouissaient, ça se voyait sur leur visage, d'autres avaient l'air indifférent. Peut-être qu'ils ne se souvenaient pas que les clowns étaient déjà venus. Peut-être qu'ils ne réalisaient pas qu'ils allaient passer un bon moment. Peut-être qu'ils étaient très heureux, mais qu'ils n'étaient pas capables de le montrer… Les clowns portaient des costumes très colorés, des perruques, des chapeaux, du maquillage. Ils dénotaient dans le décor… Ils jonglaient, ils s'amusaient à se prendre les pieds dans les tapis et à tomber, ils faisaient apparaître et disparaître des objets, classique. Je ne sais plus très bien, parce que lorsque j'étais là en même temps qu'eux, je ne les regardais pas vraiment. J'observais les autres spectateurs, les enfants accueillis au centre et, surtout, j'observais Nolan.

Ce que je me rappelle clairement, c'est que la plupart des enfants assistaient au spectacle sans avoir la moindre réaction. Encore une fois, peut-être qu'ils ne montraient rien, mais qu'ils riaient à l'intérieur de leur tête. Peut-être que leur cerveau n'envoyait pas les messages à leur bouche pour qu'elle sourie, mais qu'il y avait quand même de la joie en eux, pendant ces petites représentations. Ou peut-être qu'ils les trouvaient vraiment nazes, ces drôles de zigues, ridicules avec leurs perruques de toutes les couleurs, et tellement maladroits en plus. Des peut-être, encore des peut-être… Je suis comme les médecins qui regardaient Nolan et ne savaient rien. Mais pour Nolan, je sais. Je sais qu'il adorait les clowns, lui. D'abord, il aimait les voir arriver parce qu'il savait qu'il allait passer un bon moment à les regarder. À l'hôpital, très tôt, quand Nolan était devenu handicapé, on nous avait dit qu'il ne grandirait plus dans sa tête, qu'il n'évoluerait plus. Ce n'est pas vrai. Évidemment, il n'a pas progressé autant qu'il l'aurait dû, mais il a continué d'apprendre, un peu.

Peu de personnes ont connu Nolan comme on le connaissait, Micka et moi. À part mes beaux-parents et Magali, peu ont pu voir, comme nous, qu'il réagissait parfois exactement au bon moment. Bien sûr, il fallait qu'il aille bien pour ça. Qu'il soit dans une période sans trop de douleurs physiques, et donc sans rien qui l'empêche d'être complètement présent à ce qu'il se passait. Les éducateurs et les soignants du Centre Jules-Verne, eux, ont vu qui était Nolan. Ils ont vu que notre garçon n'était pas la pauvre chose inerte décrite par les médecins. J'étais contente de leur confier mon fils parce que au fil des années,

Nolan n'était pas un étranger pour eux. Et parce qu'ils savaient le stimuler et lui faire aimer la vie. Devant les clowns, Nolan riait. Il ne riait pas bêtement dès qu'ils arrivaient et jusqu'au moment de leur départ, non : il riait en réaction à ce qu'ils faisaient. Quand ils se concentraient pour jongler, par exemple, assez longtemps pour que le spectateur sente que ça n'allait pas être facile, et qu'ils avaient peur d'échouer, Nolan attendait, il restait calme, il observait de ses petites billes noires. Il était concentré et il attendait. Mais quand les clowns commençaient à s'agiter, et qu'ils paniquaient – pour de faux, bien sûr – parce qu'ils n'arrivaient pas à jongler correctement, jusqu'à envoyer toutes les balles n'importe comment et n'importe où, Nolan riait. Il riait pile au bon moment ! Nolan n'était pas une poupée de chiffon qu'on pouvait poser dans un coin. C'était un enfant qui ressentait des émotions, qui éprouvait de la joie, et c'était même un enfant qui pouvait en donner beaucoup à ceux qui l'entouraient.

Parfois, j'étais épuisée. Éreintée par tous les soins qu'il demandait, par ses cris, incessants, des heures durant, parce qu'il souffrait et que je ne pouvais pas le soulager. Souvent, je me suis retrouvée à bout, et des pensées mauvaises me traversaient. J'ai même dit des phrases que je me reprocherai toujours. Après, quand on était calmés, lui et moi, je lui expliquais. Je lui disais que je ne lui en voulais pas à lui, Nolan. « Je ne suis pas en colère contre toi, mon Nono, toi je t'aime plus que tout. Je suis en colère contre le handicap. Ce n'est pas ta faute, mon Nono. » Il m'entendait et il me comprenait, j'en suis sûre. Comme il avait réagi en riant devant les clowns, il réagissait par la douceur avec moi. Je le prenais sur mes genoux, on faisait un câlin, il s'endormait un peu. Son abandon, c'était sa façon de me dire je t'aime. J'espère qu'il me pardonnait, aussi.

19

Guy Lamorlette n'a pas demandé pardon

Le 6 juin 2017, pour l'ouverture du procès devant le tribunal correctionnel de Douai, nous sommes tous là. Les autres enfants malades, leurs parents, leurs avocats, Micka, notre famille, Me Rault, moi. Et Nolan.

Oui, même Nolan est présent. Il est installé dans son fauteuil, bien habillé, bien coiffé, élégant, très beau comme chaque fois qu'on l'emmène quelque part, le corps raide, immobile, les membres déformés. Seules ses petites billes noires bougent dans leur orbite, puis il lève le menton de temps en temps, c'est tout. Il est parfaitement calme. À la maison, il râle beaucoup, il a besoin d'être souvent distrait, il ne reste pas silencieux bien longtemps, et s'il a mal quelque part ou juste envie qu'on s'occupe de lui, il crie. Mais aujourd'hui, il ne bronche pas. Il attend que quelque chose se passe.

Évidemment, depuis des années maintenant, il nous a entendus parler de justice, Micka et moi, quand nous étions seuls à la maison, mais aussi avec la famille. Il a entendu que des gens, que nous estimions responsables de ce qui était arrivé, devraient s'expliquer. Qu'ils devraient se justifier d'avoir agi comme ils l'avaient fait et en assumer les conséquences. Nolan a compris que ce procès est un moment important. Ou bien il l'a peut-être juste senti, je ne sais pas, il ne peut pas nous le faire savoir, mais en tout cas, dans ce tribunal, en cette première journée tellement particulière pour nous tous, il est beaucoup plus calme et attentif qu'à la maison. Pas impressionné mais calme. Complètement présent, je dirais. Et patient. Voilà, c'est ça, tout simplement : il donne l'air d'attendre que quelque chose se passe, et d'être prêt pour y assister, comme si, depuis toutes ces années, il avait été aussi impatient que nous que ce jour arrive.

Micka et moi, nous espérons beaucoup de choses. D'abord, des excuses. Ensuite, une explication valable si possible. Enfin, une condamnation, même symbolique, qui confirmerait, une bonne fois pour toutes, que nous ne sommes pas responsables de l'état de notre fils. Micka est plein de colère. C'est un homme bon, il pardonne les erreurs, il ne laisse pas le ressentiment empoisonner son cœur, mais là, pardonner lui semble impossible. L'erreur a été trop grosse, elle a eu des conséquences terribles, irréparables, sa colère ne redescend pas. Moi, je voudrais surtout que les deux accusés voient mon fils. Qu'ils regardent le petit garçon de 7 ans, bientôt 8, condamné à vie à ce fauteuil et à se taire.

Guy Lamorlette et Laurent Appéré, les deux anciens dirigeants de la SEB-Cerf, comparaissent (libres) pour « blessures involontaires avec incapacité de travail supérieure à trois mois par violation manifestement délibérée d'une obligation de sécurité ou de prudence sur la personne de Nolan Moittié », et du même chef d'accusation avec « incapacité de travail n'excédant pas trois mois » sur 15 enfants, âgés de 6 mois à 9 ans et demi. Ils sont aussi accusés de « mise en danger d'autrui avec risque immédiat de mort ou d'infirmité par violation manifestement délibérée d'une obligation de sécurité ou de prudence », et de quatre autres griefs supplémentaires. Avec Nolan, cela fait donc 16 plaignants directs, 16 consommateurs touchés par la bactérie, à cause de deux hommes, de leur manque de sérieux, et je ne compte pas les victimes collatérales que sont les familles. À ce moment-là, je n'imagine plus que Guy Lamorlette osera encore avancer qu'il suffit de savoir décongeler et cuire correctement un steak pour que tout se passe bien, quelle que soit la merde que le steak contient. La merde, oui, pardon pour le mot, mais il n'y en a pas d'autre puisque la bactérie *E. coli* vient de la matière fécale…

*
* *

Dès l'ouverture du procès, Guy Lamorlette et Laurent Appéré sont présents tous les deux pour s'expliquer… le second essayant surtout de se défendre contre les accusations de son P-DG. Me Rault m'a conseillé de ne même pas regarder Guy Lamorlette. Je n'y arrive pas. Je n'en reviens pas de ce que j'entends. Je n'arrive pas à y croire. En fait, non seulement je ne crois pas ce qu'il dit, mais surtout, j'ai du mal à admettre qu'il ose le dire !

Quand la présidente du tribunal demande à Guy Lamorlette qui définit et avalise le plan de maîtrise sanitaire de l'entreprise, il répond que cela fait partie des compétences de monsieur Appéré et qu'il n'a, quant à lui, pas de compétences en la matière. Chaque fois qu'il est mis face à la logique – il a signé les protocoles sanitaires –, et face à ses responsabilités en tant que P-DG de l'entreprise, il fait comme s'il n'était pas concerné. Ou pire, comme si ses collaborateurs l'avaient trompé, causant les intoxications et, de là, la perte de son client principal, Lidl, ce qui a conduit à la liquidation de sa boîte. Il charge autant que possible son directeur qualité, l'autre accusé présent. C'est à croire que Guy Lamorlette lui-même ne connaissait rien de rien au métier de la boucherie alors qu'il a fait toute sa vie professionnelle dans ce secteur. Est-ce que c'est vrai ? Ce serait encore plus grave, il me semble !

Un peu plus tard, quand on lui demande pourquoi le protocole sanitaire a été brusquement changé et allégé en février 2011, rendant les contrôles non plus systématiques mais aléatoires, il dit cette fois qu'il n'a jamais été alerté par la direction des services vétérinaires. Mais alerté sur quoi ? Sur le fait qu'il n'avait pas le droit de changer le protocole de lui-même ? Sur le fait que cette nouvelle version faisait courir un danger aux consommateurs ? Il se retranche derrière une réglementation floue. Comme si ça ne se passait pas chez lui, tout ça… En gros, il est irréprochable. Et surtout, il n'exprime pas le moindre regret.

Pendant cette première journée de procès, ma colère rejoint celle de Micka. Je la sens, comme un orage, elle gronde en même temps qu'elle se forme chez Nolan. Tranquillement, mais sûrement. Nolan gigote. Il proteste. Comment ignorer qu'il est là ? Guy Lamorlette est incroyable. Quel culot ! Quel mépris aussi ! Il s'adresse à la présidente du tribunal qui l'interroge, il se tourne vers son avocat, mais il ne regarde personne d'autre. La colère, elle monte aussi chez Me Rault. Nolan s'agite de plus en plus dans son fauteuil. Est-ce que c'est à cause de la fatigue ? Du monde autour de lui, alors qu'il n'a pas l'habitude d'être entouré par des inconnus dans un endroit fermé comme cette salle de tribunal ? Je sais bien qu'il ne comprend pas tout ce qu'il se passe. Je me doute qu'il ne saisit pas les enjeux, ni pour nous qui avons besoin de justice ni pour les accusés qui jouent leur liberté. Et puis nous sommes dans un tribunal, entre adultes, il est question de droit, de lois, de protocoles sanitaires, c'est technique, tout ça. Même un enfant de son âge sans problèmes neurologiques ne comprendrait pas. Mais je suis sûre d'une chose : Nolan sent. Il sent notre rage contre Guy Lamorlette. Il perçoit bien que nous lui en voulons, Micka et moi, pour ce qui est arrivé. Il renifle la mauvaise foi de cet homme. Sa lâcheté. Guy Lamorlette nie tout avec tellement d'aplomb ! Depuis deux heures qu'il est questionné, il n'a toujours pas jeté un seul coup d'œil vers les victimes. Il ignore complètement Nolan, qui prend de la place pourtant, dans son fauteuil roulant.

Guy Lamorlette est accusé de « mise en danger d'autrui avec risque immédiat de mort ou d'infirmité par violation manifestement délibérée d'une obligation de sécurité ou de prudence ». C'est tellement ça ! Cette formulation est tellement juste ! Nolan a failli mourir pendant des jours et des jours après que la bactérie présente dans les steaks fabriqués par Guy Lamorlette avait commencé à détruire ses reins et à s'attaquer à son cerveau ! Il a failli mourir cent fois depuis. Et je ne compte plus le nombre de passages qu'il a dû faire à l'hôpital, parfois en urgence, dans un état de stress terrible, pour y subir des opérations dont on ne savait jamais si ce serait la dernière… Chaque fois, il a eu peur et il a souffert. Chaque fois, on a abîmé un peu plus son corps, avec les anesthésies, les coups de scalpel, les outils, les gestes, tous ces gestes de médecine pratiqués sur lui… Une vie d'enfant, ça ne devrait pas être ça. Ça devrait être tout, sauf ça ! Et Guy Lamorlette, fier, bouffi de certitudes, aigri d'avoir perdu sa société, se plaint : son neveu s'est suicidé, il avait des parts dans l'entreprise.

Et ce serait la raison de son suicide ? Un neveu mort pour un handicapé à vie : un partout, la balle au centre ? Nous serions quittes ?

En somme, il faudrait plaindre l'accusé pour son chagrin, et en plus, malheureux homme, il a tout perdu. Quarante ans de travail sont partis en fumée à cause de quelques gamins dont les reins ne fonctionnent plus, et de celui-là, en particulier, celui-là dont les parents ont engagé une avocate qui ne veut pas lui fiche la paix. Celui-là qu'il ne veut surtout pas voir. J'ai envie de traiter ce monstre de tous les noms et de hurler : celui-là, c'est Nolan. C'est mon enfant et vous avez brisé sa vie !

Mais Guy Lamorlette ne se tourne pas un seul instant vers nous, il continue de s'apitoyer sur lui-même, et Nolan s'énerve de plus en plus dans son fauteuil. Comme pour faire taire l'accusé, il multiplie les bruits de gorge. Bien sûr, l'ambiance dans cette salle d'audience ne lui convient pas, elle est chargée d'électricité. Me Rault est révoltée autant que moi par l'attitude de Guy Lamorlette. Elle lui ordonne : « Mais regardez, regardez ce que vous avez fait ! » Et comme il refuse toujours, elle finit par saisir le fauteuil de Nolan et par le conduire jusqu'à Guy Lamorlette. Mais rien. Aucune réaction. Lamorlette est aussi froid que ses steaks hachés à la sortie du congélateur.

Comment peut-il se comporter de cette façon ? Des années plus tard, je me pose encore la question. Il a mal agi, il a fait des erreurs, et ses actions ont eu des conséquences graves pour de nombreux enfants, et pour Nolan en particulier. Il ne reconnaît aucune faute. En plus, bien avant le procès, il a cédé tout ce qu'il possédait à ses enfants : c'est une preuve de plus, selon moi, qu'il savait qu'il était responsable et qu'il serait jugé coupable. Mais il continue de vivre chez lui, au chaud, tranquille. Je sais qu'il va à la chasse avec ses amis le dimanche, je l'imagine aussi en train de se promener, de jouer aux cartes, de se cuisiner de bons petits plats. Comment peut-il dormir ? Moi, Priscilla Moittié, je ne suis personne. Je n'ai pas d'instruction. Je n'ai pas de grandes compétences professionnelles. Tout ce que je sais faire, je l'ai appris toute seule. Et quand je me trompe, je le reconnais, je présente des excuses si je suis allée trop loin, si j'ai blessé des gens. J'assume les conséquences de mes choix et de mes actes. Et comme ça, je n'ai pas honte d'être qui je suis, même toute petite, même personne…

*
* *

Le deuxième jour du procès, c'est au tour de Laurent Appéré, le directeur qualité de la SEB-Cerf, de comparaître devant le tribunal. Il fait face aux mêmes chefs d'accusation que Guy Lamorlette. Il encourt les mêmes peines exactement. Je devrais lui en vouloir autant qu'à l'autre, et peut-être même encore plus si vraiment il a mal fait son boulot en se cachant de son patron. Pourtant, lui me cause presque de la peine. Je l'ai observé lors de la première journée. Dès qu'il est arrivé, j'ai vu qu'il était en mauvaise santé. Sa façon de se tenir, maintenant que c'est à son tour de s'expliquer, me conforte dans cette impression. Je pense aussitôt que ce qu'il s'est passé presque six ans plus tôt, qu'il soit responsable ou non, le ronge. Et puis il nous regarde, lui. On comprend, dans sa façon d'être face à nous, qu'il s'en veut. D'ailleurs, il ne minimise pas les dégâts qu'il a causés, et ça me touche. En quelque sorte, il me fait du bien et il m'émeut. Je n'attendais que ça, finalement, puisqu'on ne peut pas refaire l'histoire, revenir en arrière et recommencer proprement. Puisqu'on ne peut pas réparer le passé, je voudrais qu'on rende le présent et l'avenir moins lourd. Et les regrets de Laurent Appéré me soulagent un peu de ma peine.

Micka est plus dur que moi. Rien n'apaisera sa colère. Il me reproche : « C'est bon, tu vas pas le plaindre non plus ! » Non, je ne plains pas Laurent Appéré, mais au moins je reconnais que sa vie est chamboulée aussi. Évidemment, il n'a plus de travail. Il a 46 ans, il vit seul, il est tout bouffi. Je ne peux pas dire si c'est à cause de l'alcool, des médicaments, du manque de sommeil, de tout ça à la fois ou de n'importe quoi d'autre, d'ailleurs ça ne me regarde pas et ça ne regarde personne d'autre que lui. Mais tout le monde peut voir sur sa figure qu'il a mal et qu'il va mal.

Laurent Appéré regarde Nolan, lui. Et les larmes qu'il verse en se penchant vers mon fils, elles sont sincères.

*
* *

Laurent Appéré assume ses responsabilités. Il reconnaît qu'il n'a pas été assez rigoureux, qu'il n'aurait pas dû se contenter de quelques contre-expertises sur le lot d'abord jugé « non satisfaisant ». Il aurait dû exiger davantage de contrôles parce que le taux de germes par gramme relevé dans le premier échantillon était vraiment très élevé. Il a des explications, il les donne, mais ce n'est pas pour se dédouaner. Il nous livre les raisons qui l'ont poussé à faire un mauvais choix, c'est tout. D'abord, il s'explique par la peur de perdre son boulot. Il dit que l'entreprise n'était plus très solide, et qu'il n'a pas voulu la fragiliser encore plus. Il n'a pas vraiment pensé qu'il y avait un danger.

En fait, il n'a pas pris le temps de s'arrêter et de réfléchir à ce qui pourrait arriver. Il n'est même pas allé jusqu'à penser qu'il fallait tenter le coup, que ça passerait, il s'est juste abstenu d'imaginer que ça pourrait ne pas passer. Et ce n'est qu'après qu'il a compris qu'il avait fait une erreur colossale. Mais il s'en veut, au moins. Son avocat reste muet. Apparemment, il ne trouve aucun argument pour le défendre. Je me dis que c'est peut-être aussi le rôle d'un avocat, justement : aider à faire éclater la vérité, même si c'est aux dépens de son client. En l'occurrence, au contraire, il est visible que c'est au bénéfice de Laurent Appéré, même s'il doit être reconnu coupable à cause de ses déclarations : les regrets qu'il éprouve depuis des années constituent une première punition. Reconnaître ses torts devant la justice, devant les victimes et leurs proches, et surtout devant Nolan, est sans doute un moyen pour lui de se soulager. Micka ne lui pardonne pas, et moi non plus d'ailleurs, mais je prends ses excuses et elles me consolent un peu.

Des experts, des scientifiques, viennent alors expliquer en détail comment arrive la bactérie *E. coli* O157:H7. Comment elle fait son travail de démolition dans le corps d'un enfant qui n'a pas les défenses nécessaires pour l'en empêcher. C'est long et compliqué, mais c'est utile aussi pour comprendre à la fois à quel point c'était grave, mais aussi pour bien prendre conscience qu'il y avait moyen d'empêcher ça. Plusieurs employés de l'usine viennent raconter ce qu'ils ont fait, et surtout ce qu'ils n'ont pas fait, parce que leurs responsables ne le leur avaient pas ordonné. Alors qu'ils auraient dû, bien sûr, ils le disent tous : ils auraient dû... Le directeur du laboratoire Agrobio explique qu'une seule analyse *E. coli* avait été faite sur les carcasses utilisées du 5 au 11 mai 2011, donc celles qui ont servi à la production des steaks mangés par les victimes. Une technicienne qualité accable son supérieur direct, Laurent Appéré : elle dit qu'elle avait remarqué que les demandes d'analyses d'*E. coli* par son chef dépendaient des impératifs de la production. Quand la SEB devait expédier une commande urgente, Laurent Appéré ne faisait pas procéder aux analyses pour ne pas bloquer la production… Le technicien des services vétérinaires enfonce le clou sur les contrôles aléatoires et le non-respect du plan de contrôle et de surveillance par l'usine. Il revient sur les propos du P-DG, la veille, soulignant que la réglementation n'est pas si floue que Lamorlette le prétend. C'est d'ailleurs écrit noir sur blanc dans le jugement : « M. Lamorlette était au courant de ces éléments et les a validés puisqu'il a signé le plan PMS 3 (plan de maîtrise sanitaire). Le PMS 3 est daté du 16 février 2011. Ainsi M. Lamorlette avait cessé d'appliquer le plan PMS 2 de façon manifestement délibérée, c'est-à-dire de façon tout à fait consciente et depuis plusieurs mois concernant l'application du plan de sécurité sur *E. coli* O157:H7. »

Il n'y a pas eu de surprise. Au soir de ce deuxième jour de procès, Micka et moi rentrons à la maison sans avoir rien appris. En fait, tout ce que nous savions grâce à Me Rault a été confirmé. L'enquête a été bien menée, les faits clairement établis, et tous les témoignages, jusqu'aux mensonges de Guy Lamorlette, n'ont fait que confirmer les conclusions qui ont conduit à ce procès : aucun des cuisiniers de ces maudits steaks hachés n'est responsable de ce qui est arrivé aux enfants. Mon père n'a rien à se reprocher. Et moi, je ne peux que m'en vouloir d'avoir manqué de chance en achetant un lot de viande contaminée.

*
* *

En arrivant au tribunal au matin du troisième et dernier jour du procès, je ne sais pas si je vais prendre la parole. C'est le jour dévolu aux victimes, chacune d'elles peut s'exprimer si elle le souhaite. Nous ne sommes pas obligés, bien sûr… Moi, j'imaginais rester dans mon coin, près de mon mari et de mon fils, derrière Me Rault. Je savais que je pouvais lui faire confiance pour nous défendre et pour expliquer aussi bien que nous ce qu'était la vie de Nolan, et la nôtre, depuis l'intoxication. J'avais raison, elle a su trouver les mots, elle, bien mieux que moi. Mais finalement, un peu au dernier moment, je décide qu'il faut que je raconte le calvaire qu'endure Nolan depuis six ans. Il faut que tout le monde l'entende par ma voix, parce que ma voix, c'est celle de mon fils. Après avoir vu l'attitude tellement méprisante de Guy Lamorlette, je ne peux plus faire autrement. Encore une fois, on peut tous faire des erreurs dans la vie, mais après, il faut les assumer. C'est tout simple. Et si l'erreur est tellement grave qu'elle cloue un enfant dans un fauteuil roulant pour la vie, qu'elle le condamne à mort, en fait, puisqu'elle le condamne à ne pas vivre, eh bien, il faut assumer aussi. Je ne dis pas que c'est facile, au contraire. Mais on n'a pas le choix. Guy Lamorlette a estimé, lui, qu'il avait le droit de ne pas reconnaître ses torts. Il ne s'est pas conduit en homme. S'il avait été un homme, il aurait regardé Nolan dans les yeux, et il lui aurait demandé pardon. Il se serait adressé à Micka, et à moi, comme Laurent Appéré a eu le courage de le faire, et il aurait dit qu'il regrettait. Qu'il ne pouvait pas comprendre notre enfer, sans doute, mais qu'il comprenait quand même, au moins un peu. Son avocat, je l'ai su par les autres conseils, lui a bien recommandé de s'excuser. Guy Lamorlette a seulement dit qu'il ne pouvait plus se regarder dans un miroir, qu'il n'était pas inhumain et qu'il avait du cœur. Ça ressemblait trop à un discours appris vite fait, ça manquait trop de sincérité. On n'y a pas cru une seconde. On est restés avec notre colère qu'il ne voyait même pas, parce qu'il n'était pas capable de se remettre en question et donc de penser que oui, on avait bien des raisons d'être en colère contre lui. Et là-dessus, il est rentré chez lui… Mais c'est comme ça, la justice. C'est insupportable pour les victimes, mais leurs bourreaux, en attendant leur condamnation, sont tranquilles. Guy Lamorlette comparaissait libre, c'est-à-dire qu'il n'avait pas été mis en prison dans l'attente du procès. Nolan survivait péniblement, cloué dans un fauteuil depuis six ans, avec des souffrances physiques inimaginables, mais Guy Lamorlette, lui, continuait de gambader dans les campagnes pendant ses parties de chasse. Alors je décide que je ne peux pas ne pas prendre la parole. Je ne peux pas ne pas faire entendre aux juges ce que subit mon fils. Ce jour-là, je parle comme je suis. Cash. Je ne cherche pas à émouvoir les gens dans la salle. Je n'attends plus rien, je n'espère plus rien, tout est clair. Rien ni personne ne réparera mon fils.

*
* *

Après les trois jours d'audience, les peines requises contre Guy Lamorlette et Laurent Appéré étaient les mêmes : quatre ans de prison, dont un avec sursis. J'imaginais ça : trois ans derrière les barreaux... J'aurais voulu que Lamorlette soit obligé de ne manger matin midi et soir que sa viande contaminée... On était le 8 juin et le verdict devait être rendu trois semaines plus tard. Le 21 juin, juste avant que les peines soient prononcées, donc, Laurent Appéré est mort. Il a été retrouvé dans son lit, un matin. C'est Me Rault qui me l'a appris, et je n'ai pas su quoi faire de cette nouvelle, sur le moment. L'un des deux responsables de l'état de mon fils était décédé, bon. De quoi, d'ailleurs ? On ne savait pas. Maladie ? Suicide ? Après tout, peu importe. Laurent Appéré, au moins, avait été sincère face à nous, en exprimant des regrets. Sa mort n'a pas éteint la moitié de ma colère. Guy Lamorlette allait bien, lui, j'avais pu le constater. Si je n'avais pas été tellement occupée à m'occuper de mes enfants, j'aurais dépensé toute mon énergie à le haïr. Et c'est un poison, la haine. Ça ronge de l'intérieur. L'ennui, c'est qu'il ne m'avait pas donné ce qu'il fallait pour que je lui pardonne.

La disparition de Laurent Appéré a arrêté l'action en justice contre lui. Je l'ai lu dans le dossier : « Il résulte des dispositions de l'article 6 du code de procédure pénale que l'action publique pour l'application de la peine s'éteint par la mort du prévenu, la prescription, l'amnistie, l'abrogation de la loi pénale et la chose jugée. » Il ne serait donc jamais déclaré coupable et condamné. Contre Guy Lamorlette, la sentence prononcée était : coupable.

Voilà comment c'est dit, dans la belle langue du droit : « Au vu de sa qualité de gérant de la société et en l'absence de délégation de pouvoir, il est responsable de plein droit. Au vu de ces éléments il convient de le déclarer coupable. »

La peine : trois ans d'emprisonnement, dont deux fermes, 50 000 euros d'amende, des dommages et intérêts pour les victimes et l'interdiction d'exercer un métier dans le secteur industriel et commercial. Ce qui comptait le plus pour moi était qu'il soit reconnu coupable, évidemment. Sauf qu'il ne voulait toujours pas admettre, lui, qu'il l'était. Il ne voulait pas reconnaître, lui, que la justice avait dit : « Monsieur, vous avez mal agi, il y a des conséquences graves pour des enfants, et surtout pour le petit Nolan, et donc aussi des conséquences pour vous. » Il estimait, en gros, que ce qui était arrivé était juste la faute à pas de chance, ou la faute de Laurent Appéré, mais en aucun cas la sienne.

Ce n'était donc pas fini. Guy Lamorlette pouvait faire appel du jugement, et il ne s'est pas gêné. Il avait 76 ans. Il était déjà vieux et il devait bien savoir, comme je le sais aussi, qu'on ne met pas facilement les vieux en prison. Même pour être responsable de l'état dramatique dans lequel Nolan se trouvait alors. En faisant appel, il gagnait du temps. Alors que Nolan n'en avait quasiment plus.

20

Se préparer à renoncer

En juin 2017, le premier procès fini, donc, un peu pour rien puisqu'il y en aurait un autre – mais quand ? –, nous retournons à nos vies. Micka sur ses chantiers, avec les mains brûlées, crevassées, de plus en plus, par les poudres de ciment et la chaux qu'il manipule. Les dermatos appellent ça « la gale du maçon », et ça n'a rien à voir avec les petites bêtes. Sauf qu'au fil des années, Micka n'effectue plus très souvent les travaux ingrats réservés aux débutants. Encore une fois, je ne suis pas médecin, mais ses problèmes de peau, je ne suis pas sûre qu'ils viennent d'une maladie. Je crois qu'ils envoient un message. Ils disent qu'il n'en peut plus. Qu'il est fatigué, comme moi, de notre vie de parents d'un enfant lourdement handicapé. Du manque d'espoir aussi. La situation ne s'arrangera jamais, c'est impossible, on le sait : la bactérie *E. coli* grignote son fils et maintenant elle a sa peau.

Avant la naissance de Sullyvan, on ne s'entendait pas toujours bien, Micka et moi. On a même failli se séparer plusieurs fois. Micka ne soignait pas du tout Nolan, et comme je m'en occupais, moi, nuit et jour, je ne comprenais pas ce qui l'empêchait d'en faire autant. De le porter, de le laver, de manipuler son petit corps tordu, raide et tellement fragile à la fois. De le nourrir et de lui donner ses médicaments, surtout, des tonnes de médicaments, à des heures précises. C'était, et ça reste, une responsabilité énorme. Il n'était pas prêt à l'assumer. Je ne dis pas qu'il n'aimait pas Nolan : il est certain qu'il l'a toujours aimé autant que moi. Mais il n'avait jamais essayé de le prendre en charge, physiquement, concrètement, comme je le faisais, et maintenant c'était trop tard : l'habitude était prise, elle ne pouvait pas être remise en question, il ne jouait pas son rôle de papa soignant auprès de Nolan. Du coup, moi, je ne me reposais que lorsque Nolan se trouvait au Centre Jules-Verne – mais comme il était souvent souffrant, il n'y allait pas toutes les semaines –, ou quand Magali ou ses parents prenaient Nolan, aussi souvent qu'ils le pouvaient, mais forcément pas assez pour moi puisque j'étais exténuée. Je craquais régulièrement. On s'énervait, Micka et moi, on se disputait, je partais. On se disait même des choses affreuses qu'on ne pensait pas, dans le fond, comme tous les couples, j'imagine, sauf qu'étant parents d'un enfant aussi lourdement handicapé, nous n'étions pas un couple comme les autres. Nous étions un couple, une famille, plus fragile que les autres.

En août 2016, nous nous sommes mariés, et nous avons été très heureux de nous dire oui, sur le moment. C'était un grand jour pour nous, un jour pour nous dire qu'on s'aime. Un an plus tard, j'ai complètement craqué. Je n'en pouvais plus d'être une mère parfaite, toujours aux petits soins pour les autres. Je suis partie sur un coup de tête, j'ai retrouvé mes sœurs, je suis sortie en boîte, j'ai fait n'importe quoi. À ce moment-là, Micka s'est retrouvé seul avec les enfants et il n'a pas eu d'autre choix que de prendre soin d'eux, exactement comme je l'attendais de lui, comme j'étais certaine qu'il saurait le faire. Et en effet, il s'est rendu compte qu'il était capable de s'occuper de Nolan aussi bien que moi. Alors je suis revenue. J'aimais mon mari, mes enfants, même si, quelquefois, la vie que je menais auprès d'eux était trop pénible. Finalement, c'est presque un miracle qu'on ait tenu, comme couple. Qu'on soit restés ensemble et soudés.

Le soir, on avait notre routine : dîner, puis télé, Nolan sur mes genoux, Sullyvan sur ceux de son père. Quand ils étaient endormis, on allait les porter dans leur lit, et on se retrouvait tous les deux, contents d'être ensemble, même si on avait l'impression d'avoir épuisé toutes nos forces dans la journée. On aurait voulu avoir un autre enfant. On en parlait, on s'imaginait… Je sais que ça peut paraître idiot quand on en a déjà deux, et plus beaucoup de temps ni d'énergie pour un troisième, mais on avait encore envie d'aimer. Et puis nous voulions une grande famille. Trois enfants, depuis que j'étais adolescente, c'était mon rêve. Je n'avais pas imaginé que l'un d'eux demanderait tellement de soins, mais Nolan faisait partie de notre vie, il ne parlerait et ne marcherait jamais, mais il resterait quand même l'aîné de la fratrie. Alors nous avons tenté de concrétiser notre rêve. Je suis tombée enceinte. J'ai fait une fausse couche. Et de nouveau, et encore une fausse couche. Chaque fois, j'ai été très déçue. J'ai eu l'impression de devoir faire le deuil d'un bébé que je ne connaîtrais jamais. Je trouvais que c'était bien injuste et je ne comprenais pas pourquoi un nouvel enfant ne voulait pas s'installer dans mon ventre pour que je le couve jusqu'à sa naissance. Ce n'est pas qu'il ne voulait pas, c'est qu'il ne pouvait pas... Je ne me rendais pas compte que je m'épuisais à porter, plusieurs fois par jour, mon garçon handicapé et maintenant trop lourd pour moi : 24 kilos. J'étais à la limite de mes forces en permanence. Je n'avais plus assez d'énergie à offrir à un bébé pour qu'il puisse grandir tranquillement en moi. À l'occasion d'une de ces fausses couches, j'ai dû subir une intervention chirurgicale assez lourde. J'ai eu peur du bloc, peur des aiguilles, peur de me réveiller, seule, dans ce monde froid. Non seulement j'étais terrorisée par ce monde hospitalier que je n'avais fréquenté que debout jusque-là, debout à côté de mon fils, mais cette fois c'était mon propre corps qui était vulnérable et qui souffrait, en plus. Je l'ai dit, j'ai demandé de l'aide, des médicaments pour soulager la douleur. Et j'ai eu de la peine pour mon fils, tellement de peine, en pensant à Nolan, lui qui était déjà passé tant de fois par un bloc opératoire, et qui n'avait jamais eu le choix : il avait été forcé d'encaisser la douleur, lui, puisqu'il n'avait pas la possibilité de demander de l'aide pour apaiser son corps.

*
* *

Le 11 août 2017, Nolan doit être opéré en urgence. « Fracture spiroïdale du fémur droit secondaire à une ostéoporose sévère liée à sa situation de polyhandicap », dit son dossier médical. C'est arrivé à la maison lors d'une séance avec le kinésithérapeute. Nolan levait ses bras face à lui, ce qu'il faisait toujours quand il avait peur ou mal. Il levait les bras pour dire : « Stop, ne me touchez plus. Au secours ». En le manipulant, sans doute trop pressé (il avait enclenché son chronomètre pour ne pas être en retard à la consultation suivante), le kiné l'a blessé. Ce n'est pas la première fracture spontanée pour laquelle Nolan doit retourner à l'hôpital. On sait que l'ostéoporose est plutôt un problème qui touche les personnes âgées, quand le corps est usé, quand il a trop travaillé, trop marché, trop servi, comme un objet usagé, une voiture qui a trop roulé… À seulement 8 ans, le squelette de Nolan est déjà celui d'un vieillard. Il n'a plus aucune motricité. Il peut bouger ses bras, mais il ne fait plus un seul geste coordonné. Il se fatigue de plus en plus vite. Ses mains et ses poignets sont déformés. Il ne peut rien attraper avec ses doigts ni même serrer quoi que ce soit. Désormais, je ne peux plus beaucoup le prendre sur mes genoux : il passe l'essentiel de ses journées allongé sur son lit, ou bien sanglé dans son fauteuil. On maintient sa tête par des espèces d'oreilles géantes. Il est quand même avec nous, heureusement, et il parvient toujours à nous le faire savoir : il fait des bruits de gorge pour se manifester. Ses yeux bougent.

Nous savons que son état est irréversible, et même qu'il va se dégrader encore. Et ça peut paraître fou, je sais que ça l'est, mais ni Micka ni moi ne nous demandons combien de temps il vivra encore. On ne se projette pas dans le temps avec lui ni sans lui. Nous essayons encore d'avoir un troisième enfant, mais on ne dit jamais demain, ou l'an prochain, ou « dans cinq ans ». On vit juste au présent.

***

Je l'ai raconté : il m'est arrivé de m'énerver contre Nolan. Parfois je lui ai dit des choses horribles, à lui aussi, des choses que je ne pensais pas mais qui sortaient quand même de moi parce que j'étais à bout de nerfs. Parce qu'il pleurait fort et que je ne comprenais même pas d'où ça venait, tout ce bruit, alors qu'il était si faible. J'ai voulu l'abandonner mille fois.

J'ai même espéré qu'il meure, sans plus attendre. J'ai espéré qu'il ferme les yeux pour toujours, pour qu'il ne souffre plus, mais peut-être d'abord pour ne plus l'entendre souffrir. C'était égoïste, et j'en ai bien honte. Pourtant, je l'aimais, je l'aime encore, je l'aimerai toujours. L'abandonner, j'en aurais été bien incapable. Avec le temps, nous étions devenus tellement proches. Nolan ne pouvait pas vivre sans moi, mais moi, malgré mon corps en bonne santé, je ne pouvais plus vivre sans lui non plus. Je n'imaginais pas vivre sans lui parce qu'il donnait du sens à mon existence. J'étais exactement comme lors des semaines après l'intoxication, quand il était dans le coma, dans cet état « entre la vie et la mort ». À ce moment-là, lorsque je conduisais, j'envisageais de m'engouffrer sous un camion plutôt que de rester sur Terre sans mon fils. Des années avaient passé, nous avions traversé des épreuves ensemble. C'était dur, de plus en plus dur, au point d'espérer que ça s'arrête vite… Parfois. Seulement parfois. Je ne voulais pas perdre Nolan.

Cette opération d'août 2017, elle se passe bien, si l'on veut. Elle se passe comme toutes les autres. On sait que Nolan souffre, mais que les soignants font ce qu'ils peuvent, avec les moyens et les connaissances du bord, pour atténuer ses douleurs. Et puis en quelque sorte, ça m'arrange de penser que son cerveau ne fonctionne plus assez bien pour qu'il se rende compte… Enfin, ce n'est pas vrai, il se rend compte, mais quelquefois, j'essaie de me persuader que non. Histoire de me sentir moins coupable de m'être tellement battue pour qu'il reste en vie, alors que sa vie, dans ces moments-là, ressemble vraiment à un cauchemar. Je reste avec lui autant que possible. Ça ne me dérange pas de dormir dans un fauteuil à côté de son lit s'il le faut. Ou même de ne pas dormir du tout.

Les parents de Micka et sa sœur Magali nous aident. Ils s'occupent de Sullyvan, ils nous soutiennent. Il m'arrive de m'accrocher avec ma belle-sœur parce qu'on est toutes les deux aussi maladroites l'une que l'autre. On se parle trop franchement, sans réfléchir, ça sort comme ça vient, on se fait du mal pour rien. Mais dans le fond, je sais que je peux compter sur ma belle-famille et sur plusieurs de mes sœurs aussi. Mon père ne s'est jamais vraiment remis de ce jour de 2011 où il a donné le steak haché à Nolan. Même si on lui a tous répété qu'il n'avait rien fait de mal, et même s'il a compris que la bactérie était dans la viande et qu'elle aurait attaqué son petit-fils même si je le lui avais donné, moi, ou Micka, rien à faire : il se sent responsable depuis. Comme si tout tournait mal, dans la vie, à cause de lui. Comme s'il était porteur d'une poisse contagieuse. Il est assez seul et, sans être vraiment malheureux, il n'est pas heureux depuis trop longtemps. Il ne cherche pas beaucoup la compagnie des autres. Il en a perdu l'habitude, ou bien il n'a plus confiance. Ma mère ne m'aide pas avec Nolan, mais je ne m'attendais pas à autre chose, de toute façon. Elle ne doit pas se considérer comme une grand-mère pour cet enfant-là, je ne lui permets donc pas de l'être pour Sullyvan. Un jour, je lui demande pourquoi elle nous a laissées, mes sœurs et moi, quand on était petites, alors que ce n'était pas compliqué de s'occuper de nous… puisqu'on allait bien. Je lui pose la question en espérant entendre une véritable réponse, parce que je ne comprends pas, tout simplement, et parce que cela me tourmente. Je n'obtiens rien qui me permette d'y voir plus clair sur ce point. Une autre fois, elle m'appelle et passe des heures à se plaindre de sa vie. Je lui fais remarquer : « Tu ne me téléphones que pour te lamenter, jamais pour savoir comment je vais. » Elle me répond : « Tu as l'habitude de passer du temps à l'hôpital avec ton fils handicapé. » Il n'y a donc pas à s'inquiéter pour moi… Et moi, je ne peux donc rien attendre de la part de la femme qui m'a mise au monde. Une fois qu'on a bien compris quelque chose, on peut renoncer. Alors on se voit de moins en moins, et elle ne me manque pas.

*
* *

Dans le fond, Micka et moi sommes très seuls. Bien sûr, je me demande si ce n'est pas le lot de tout le monde, quoi qu'on vive. Qu'on rencontre des malheurs ou pas, dans la vie, le mieux à faire, c'est toujours de se débrouiller par soi-même, non ? De tenir bon, sans rien attendre des autres ni du Ciel. Depuis mon enfance, je suis capable de ça, la plupart du temps. Micka supporte un peu moins bien l'isolement. C'est peut-être parce que ses parents et sa sœur ont toujours été là pour lui, comme il est là pour eux, d'ailleurs. Ce doit être ça, une famille. J'apprécie le soutien de mes sœurs, mais je sais m'en passer quand il le faut, quand elles ne me donnent pas le choix. Avec elles, il y a toujours des histoires. Quand ça va bien avec l'une, ça va mal avec les autres, etc. Certaines se voient, se parlent, elles se font des films, elles se montent la tête. Elles s'imaginent que je mène une vie de rêve parce que j'ai une belle maison toute neuve, plus grande que celle qu'elles n'auront jamais. Et certaines me le reprochent, insidieusement. Entendre que j'ai de la chance, non, je ne peux pas. Et puis, est-ce qu'une maison fait le bonheur ? Bien sûr que non. Le bonheur, je l'ai compris par l'expérience, se résume à deux choses : la santé, et l'amour. J'ai de l'amour pour mes enfants et pour mon mari, j'en reçois d'eux, mais l'un d'eux n'est pas en bonne santé. Il est même en danger de mort permanent, parce que son état se dégrade peu à peu sans que les médecins et toutes leurs opérations puissent arranger la situation. Alors, est-ce que je suis chanceuse, vraiment ? J'aimerais que mes sœurs lisent ce livre et qu'elles répondent honnêtement à la question. Est-ce que, vraiment, elles auraient aimé se trouver à ma place ? Sont-elles seulement capables d'imaginer ce qu'est ma vie ? En seront-elles capables quand elles liront ce livre ? J'aimerais tant vieillir avec elles toutes. Savoir que je peux compter sur elles comme elles peuvent compter sur moi, puisque j'ai toujours autant envie de faire partie de leur vie... À cette période-là, je navigue en permanence entre deux eaux concernant mes sœurs : m'en remettre à elles, c'est-à-dire leur demander du soutien et me contenter de ce qu'elles me donnent, ou leur tourner franchement le dos, puisqu'elles ne répondent jamais à mes attentes finalement. J'ai l'impression, moi, de tout faire pour répondre aux leurs. Je me trompe peut-être.

*
* *

Plus le temps passe, plus le corps de Nolan se déforme. Dès qu'il se met en colère, sa température augmente et ça le met en danger. Le Doliprane n'agit plus sur son organisme : la fièvre ne baisse pas. Il va avoir 9 ans dans quelques semaines. On le sait, nous avons été prévenus par les soignants, nous sommes préparés au pire : le moindre virus qui passe peut lui être fatal. Le 13 avril 2018, le Centre Jules-Verne m'appelle : une ambulance est déjà en route pour conduire Nolan à l'hôpital à Amiens, quelque chose ne va pas, il faut l'hospitaliser de toute urgence. En effet, la température de son corps a grimpé à plus de 41 degrés, on ne sait pas pourquoi. Nolan est en état de choc vasoplégique [1]. Son dossier médical indiquera qu'il est admis en réanimation pédiatrique pour « hyperthermie sur une pneumopathie » : « Il est en détresse respiratoire, placé sous assistance ventilatoire, il manifeste un choc septique avec un point de départ pulmonaire. »

Nous sommes donc arrivés au point que nous redoutons depuis des années : l'accès de fièvre de trop. Il est en danger de mort depuis juin 2011, depuis que la bactérie a attaqué ses organes, son cerveau, il a connu plusieurs alertes, mais chaque fois, les médecins ont su quoi faire. Cette fois, pour les soignants, c'est la fin.

Ils se tiennent devant nous, toujours aussi sûrs d'eux et sincèrement désolés, mais ils sont formels : il n'y a plus rien à tenter, pas d'opération, pas de traitement, son organisme est trop faible, il n'en peut plus. On ne le sauvera pas. Ils nous le disent comme ça, aussi simplement, parce qu'ils savent que nous pouvons l'entendre désormais. Ils connaissent le long parcours de peine qu'a été notre vie avec Nolan depuis 2011, et ils n'ont jamais fait mystère de l'issue. La mort. C'est maintenant. Ce soir, demain, très vite en tout cas, nous y sommes. La fin de la vie de Nolan, prématurée, oui, mais inévitable.

Ils nous proposent de rencontrer l'équipe de soins palliatifs pédiatriques. L'équipe de soignants qui ne

1. La vasoplégie est la paralysie des fibres musculaires des parois vasculaires (vaisseaux sanguins).

soigne pas les corps. Les gens qui essaient de soulager les souffrances des enfants qui partent pour toujours, et qui font ce qu'ils peuvent avec les souffrances des parents condamnés à continuer de vivre avec cette peine immense d'avoir perdu quelqu'un qu'ils aiment tant.

Quand je repense à ce 13 avril 2018, j'ai comme un trou noir. Une absence. Pourtant, j'étais bien là, et Micka aussi. Ce jour-là, le lendemain, je suppose que j'ai mangé, marché, parlé, dormi. Je ne me souviens de rien. Je n'ai même pas d'images. La couleur des murs de la chambre, s'il y avait des photos dans le couloir, les visages. J'ai tout oublié. On a commencé à organiser les obsèques.

Nous avions signé une décharge : pas d'acharnement pour ranimer Nolan. S'il tombait dans le coma comme c'était arrivé quelques semaines après que la bactérie *E. coli* avait attaqué son corps, cette fois, les médecins ne devaient pas tenter de le ramener. Micka et moi étions tout à fait clairs là-dessus : pas question de le voir revenir plus abîmé encore, avec toujours plus de douleurs au programme pour le temps qu'il lui resterait à vivre. Mais cette vie n'en était pas une, alors nous avons écrit et signé de notre main le message suivant : « Nolan souffre et nous ne voulons plus qu'il souffre à ce point si les signes s'aggravent. Nous pouvons dire que malheureusement la maladie est à risque vital et que si cela nous fait très mal nous ne voulons pas qu'il souffre plus s'il continue de s'enfoncer. Nous ne voulons pas d'acharnement thérapeutique. »

Évidemment, on ne voulait pas qu'il parte, on voulait l'aimer encore, lui montrer des spectacles de clowns, encore, lui montrer ce qu'on trouvait beau dans le petit monde qui nous entourait, quoi qu'il en pense, lui, et même si, peut-être, il n'en pensait rien du tout. On espérait un sursis. Un délai, aussi long que possible. Du rab en tant que parents de notre fils adoré.

Encore une fois, Nolan a déjoué tous les pronostics. Faisant mentir les médecins, il a retrouvé une température corporelle normale et son état d'avant cette alerte, la plus sérieuse de toutes depuis le coma de l'été 2011. Nous sommes rentrés à la maison, notre vie a repris selon sa normalité, avec les dizaines de traitements quotidiens, contre le diabète, notamment, et les douleurs ordinaires qu'il endurait patiemment, autant que possible. Avec ses colères aussi. Je cédais immédiatement. Je m'en serais trop voulu de le laisser crier et que sa fièvre monte à nouveau avec, c'était possible, les mêmes conséquences : l'hôpital, l'annonce d'une mort certaine et imminente, l'attente, la peur de le perdre, la peur mêlée de honte à l'idée d'en éprouver du soulagement, la peur de souffrir, d'une manière intolérable, forcément, quand on perd un enfant.

***

En février 2018, date d'ouverture programmée du procès en appel, Guy Lamorlette présente un certificat médical attestant qu'il est malade : le procès doit être reprogrammé. Il gagne du temps, encore. Il refuse toujours de faire face à ses responsabilités. Et l'agenda de la justice est déjà tellement chargé... Ce sera donc pour février 2019. Cette fois, l'ex-P-DG de la SEB ne se défile pas. Il est présent, plein de morgue, j'en vomirais. Nolan est resté sous la surveillance du Centre Jules-Verne. Micka et moi avons préféré lui épargner l'épreuve d'être à nouveau confronté à son bourreau, puisque nous n'avons plus le moindre espoir qu'il se comporte correctement. Qu'il fasse preuve de respect. Je ne connais personne de plus lâche que cet homme.

Pendant ce procès en appel, j'ai une impression de déjà-vu : on lui pose les mêmes questions que deux ans plus tôt et, comme lors du procès en première instance, il rejette toute la faute sur son directeur qualité, Laurent Appéré. Sauf que ce dernier est mort, alors pour Guy Lamorlette, c'est encore plus facile. Il assure qu'il ignorait que le nouveau protocole sanitaire que Laurent Appéré lui avait fait signer en février 2011 était trop léger : « Je ne savais pas ce que je signais. » Le président de la cour d'appel s'en étonne. Guy Lamorlette n'a pas dit ça, en première instance. Oui, mais encore une fois, entre-temps, Laurent Appéré a disparu...

Quelques mois plus tôt, lors de la dernière infection pulmonaire qui a bien failli emporter Nolan, j'ai commencé à préparer les obsèques de mon fils.

Maintenant, je me retrouve dans une enceinte judiciaire à devoir écouter un vieillard rejeter, à nouveau, la faute sur les parents, comme moi, qui n'auraient pas assez fait cuire la viande. « Les plus gros consommateurs sont les fast-foods. Ils n'ont jamais de problème, parce qu'ils font cuire la viande à 70 °C. » Même un responsable des services vétérinaires abonde dans son sens : « Il faut cuire à cœur la viande surgelée, mais on s'aperçoit que ces conseils simples de prévention, inscrits sur les emballages, ne passent pas. On a encore eu des cas cette année… »

Des cas, vraiment ? D'autres petits Nolan ? Non, heureusement, rien d'aussi grave. Mais on ne m'empêchera pas de penser que si les contrôles qualité avaient été plus rigoureux, nous n'aurions pas basculé dans cet enfer. C'est bien pour cela que Guy Lamorlette a été condamné en première instance. Parce que la justice avait estimé qu'il avait manqué de sérieux et qu'il devait être puni pour cela, pour les souffrances qu'il avait infligées à Nolan, et à d'autres enfants dans une moindre mesure.

Au terme du procès en appel, Guy Lamorlette rentre chez lui. Il attend le verdict, qui tombe quelques semaines plus tard : il est de nouveau condamné à trois ans de prison, dont deux fermes, et à 50 000 euros d'amende. Guy Lamorlette est chez lui, les gendarmes ne viennent pas le chercher. Il est chez lui, dans le confort auquel il est habitué, et il y reste. Enfin, pour que le temps continue de courir encore, pour qu'il puisse profiter encore de la vie, lui, même s'il a été condamné coupable par deux fois, il demande à son avocat de se pourvoir en cassation. C'est le dernier recours qu'il puisse formuler. Selon notre avocate, Florence Rault, il n'y a aucune chance que sa manœuvre fonctionne. Aucune chance qu'il ait un jour la possibilité, lors d'un troisième procès, d'obtenir un non-lieu. N'empêche : tant que le parquet ne s'est pas prononcé sur ce point, la peine est suspendue. Le temps court, lui. Et Nolan n'en a plus beaucoup.

Guy Lamorlette vieillit. Est-ce qu'il pense que cela attendrira les juges, s'il se présente à nouveau devant un tribunal ? En attendant, il dort chez lui, au chaud, et cela me met dans une colère noire. Je me sens tellement impuissante. Je n'ai rien pu faire face aux médecins quand ils ne m'écoutaient pas, quand je leur assurais qu'ils se trompaient, que Nolan ne souffrait pas d'une simple angine ou d'une gastro-entérite, mais ils ne m'avaient pas entendue. J'avais eu raison, malheureusement, et la justice elle-même avait reconnu que j'avais eu raison, qu'il s'était passé quelque chose de grave qui méritait réparation. Mais Guy Lamorlette, lui, continuait de nier l'évidence. Il continuait de se sentir irréprochable. Intouchable. Et moi, je ne pouvais rien dire ni rien faire pour qu'il ouvre les yeux sur ce qu'il avait fait. En mars 2020, comme Me Rault l'avait annoncé, le parquet général a rejeté le pourvoi en cassation de Guy Lamorlette. Il était coupable, à vie. La peine ne serait jamais effacée de son casier. Il avait presque 80 ans. J'imagine qu'il n'en avait rien à faire.

21

Une belle journée à la mer

Dix bougies sur le gâteau. Beaucoup ne l'auraient pas parié, huit ans plus tôt, quand on déclenchait l'alarme incendie de l'hôpital d'Amiens en fêtant son deuxième anniversaire. Dix ans, il faut que ce soit une fête pour Sullyvan aussi. Il va rentrer en CP, il aime son grand frère, il a sûrement eu peur de le perdre, autant que nous, un an plus tôt. Je dis sûrement, parce que je ne me souviens pas de sa réaction. Je l'admets, et j'espère qu'il me pardonnera quand il sera plus grand, s'il lit ce livre : je n'ai pas assez fait attention à lui dans les moments les plus difficiles de notre vie avec Nolan.

Pour cet anniversaire inespéré, nous partons tous les quatre à Boulogne-sur-Mer visiter l'aquarium Nausicaa. Voyager avec Nolan, même sans aller bien loin, c'est toute une organisation. Comme il est alimenté par sonde à heures fixes, il faut jongler avec la montre. Partir après que la première dose est passée, s'assurer d'être rentré à temps pour la deuxième de la journée, programmée de 18 heures à 22 heures. Il faut aussi lui administrer par la sonde les traitements médicamenteux, et l'hydrater continuellement et correctement. Le fauteuil, les couches, etc., on maîtrise depuis longtemps et quand on a réservé nos entrées pour l'aquarium, on a prévenu que nous avions un enfant handicapé. Heureusement, les installations sont adaptées, tout se passe bien. Devant les aquariums, nous sommes ces visiteurs qui avancent sans faire attention aux regards des autres. Nous sommes ces visiteurs qui ne s'excusent pas de prendre de la place et, oui, la première place devant la vitre, parce que Nolan ne peut pas se hisser sur les épaules de son père pour mieux voir. Parce qu'il ne peut pas se faufiler entre les paires de jambes et les sacs à main comme le fait Sullyvan. Au fil des années, nous avons appris à nous promener partout avec Nolan comme si rien ne le distinguait des autres enfants. Magali nous a parfois emmenés en vacances, malgré toutes les complications que cela comportait, avec un sens de l'organisation assez extraordinaire. Nous avons pris des trains, des bus, des bateaux, nous sommes même allés à la plage, dans des parcs d'attractions… Est-ce que Nolan aime les poissons, les requins, les coraux ? À Nausicaa, il se tient bien dans son fauteuil, il tourne son regard vers les aquariums. Il n'affiche aucune réaction, mais il ne s'endort pas, et il ne râle pas non plus. À quoi rêve-t-il ? Est-ce qu'il s'imagine en train de nager, lui aussi, souple, ondulant d'un corail à un rocher entre les algues de l'océan ?

Après la visite, nous nous arrêtons un moment pour faire monter les enfants sur un manège. Ils sont heureux tous les deux, et nous sommes heureux de les voir heureux, tout simplement. Puis nous allons sur la plage. Comme chaque fois, nous transportons tout ce qu'il faut d'équipement pour Nolan. Les médicaments sont contenus dans une petite glacière qui ne nous quitte pas. Nous mangeons un morceau de gâteau. Sullyvan joue au bord de l'eau, en slip, mais elle est froide, il ne va pas plus loin. C'est une belle journée. Un peu plus tard, nous décidons de nous rendre sur le port pour regarder les bateaux. Quelle que soit l'énergie que nous coûte la manipulation du fauteuil de Nolan et la surveillance de Sullyvan, nous voulons profiter au maximum de ce jour particulier. Notre fils a 10 ans. Dix ans !

Lorsque nous rentrons, sur la route, la voiture est pleine de cris pourtant. Pas ceux de Nolan, pour une fois, mais les miens, auxquels répondent ceux de Micka. La glacière est restée sur la plage avec, à l'intérieur, les traitements vitaux pour notre garçon. Demi-tour. Mais sur le sable, pas de glacière. Nous interrogeons les quelques promeneurs encore présents, un à un, c'est la panique : non, la glacière s'est envolée… J'ai une bonne voix, qui porte loin, et Micka aussi. Sous l'effet du stress, nous nous reprochons mutuellement d'avoir perdu cette fichue glacière. Nous reprenons la route pour rentrer chez nous, cet épisode a gâché la journée. Nous avons ce qu'il faut chez nous pour soigner Nolan quelques jours et, bien sûr, je n'aurai aucun mal à faire renouveler ses traitements, mais je suis vraiment contrariée. Pourquoi la vie est-elle toujours tellement compliquée ? Nous n'avons plus rien à nous dire. Micka et moi, nous boudons, et Sullyvan se tait, pour ne surtout pas risquer d'en rajouter une couche. Un silence de mort règne maintenant dans la voiture.

Et soudain, un rire. Un rire qui vient de loin, un rire de relâchement après le stress et l'engueulade. C'est Nolan qui rit. Il rit du ridicule de la situation et de notre dispute, stupide, c'est vrai, parce que ce n'est pas si grave, après tout, d'avoir perdu cette foutue glacière, et pas important de savoir qui l'a perdue. Nolan rit. Je me retourne et je le regarde, je n'en reviens pas. Sullyvan ose un sourire. Micka demande : « Qu'est-ce qu'il y a ? » Alors sans répondre, je commence à rire à mon tour. Et Sullyvan lâche des éclats de rire, et Nolan rit toujours, et Micka nous rejoint. Ce dixième anniversaire à Boulogne-sur-Mer, c'était vraiment une belle journée.

*
* *

Je me souviens des bons moments. Les promenades autour du plan d'eau du Canada, à Beauvais, les oiseaux qui se posaient sur l'eau et, sur la rive, le pain que je leur lançais, la joie de Nolan quand les oiseaux s'envolaient. Et le goût de la glace au chocolat dont je glissais quelques gouttes entre ses lèvres.

Son rire, à la plage, quand il m'entendait souffler et pester parce que le fauteuil, dans le sable, non, ça ne roule pas. Le même rire, sur les chemins impraticables des forêts, au printemps, le parfum des brins de muguet qu'on y cueillait. Le regard de Nolan sur Sullyvan, bébé, lorsque je le posais sur ses genoux. Sullyvan, plus grand, qui défend Nolan quand je le gronde. Sullyvan, bien malin, qui affirme : « Nolan veut qu'on achète ce jouet, il me l'a dit ! » Qui intervient, dans la salle d'attente du kiné, très en retard sur son planning, alors que Nolan s'impatiente et commence à crier : « Chuuut, tu vas nous faire remarquer ! » Et Nolan qui rit alors… La course, en bas de notre rue, moi poussant le fauteuil, Sullyvan dans ses baskets, qui perd et qui boude, oui mais Nolan rit encore. Les visites à l'animalerie du coin, pour regarder les perroquets, les poissons, les chiots. Ne pas s'enfermer, ou le moins possible, et même en Picardie, ne pas subir les aléas de la météo en plus de la maladie, s'ouvrir au monde et à tout ce qu'il propose de beau, vite, vite, tant qu'il est encore temps. Les feux d'artifice, chaque fois qu'il en est tiré un, en calant le fauteuil sur l'arrière pour que Nolan garde les yeux tournés vers le ciel.

Nous l'avons porté en terre le 18 septembre 2019. Son état s'était dégradé d'un coup, quelques jours plus tôt, comme en avril quand on nous avait annoncé que sa mort n'était plus qu'une question d'heures. C'est arrivé, cette fois, il n'en pouvait plus.

Il s'est éteint à l'hôpital, un soir, alors que Micka était parti chercher des affaires à la maison, et moi sortie de la chambre. Nous n'avions plus d'espoir que sa température chute, cette fois, 42 degrés, c'était impossible. Son corps était pourtant glacé. Une infirmière, avec douceur, avait accepté de poser un drap sur lui, parce qu'il avait froid, tellement froid, et j'avais tellement froid pour lui. Elle m'avait dit : « Je vous comprends, je suis une maman, moi aussi. » Merci, madame.

Nolan repose dans le petit cimetière de notre commune. C'est un bel endroit, en bordure d'un bois. Sur sa tombe, il y a beaucoup de fleurs, bien sûr, mais aussi des jouets pour l'enfant qu'il sera toujours. Mes beaux-parents, Magali, Micka et moi allons souvent le voir. Je regarde sa photo, avec son petit bandana autour du cou, ses cheveux bien coiffés. Il aimait quand je lui disais qu'il était « beau gosse ». Je lui parle aussi. Je lui ai présenté Louanne, sa petite sœur née en avril 2021.

Je sens toujours la présence de Nolan. C'est comme un frisson qui me traverse. Je regarde une étoile, à la nuit tombée, toujours au même endroit, et je vois Nolan. Cette étoile, c'est lui qui me dit : « Regarde, maman, regarde, ça va, je n'ai plus mal, et je suis toujours là. » Je ne veux rien oublier de ce qu'on a vécu avec lui. Même pas ce qu'il y a eu de si douloureux. C'est à travers ce grand malheur causé par la négligence d'un boucher que nous avons connu, pendant huit ans, un enfer ponctué de moments de bonheur intense.

Ma mère est morte d'une crise cardiaque quelques semaines après Nolan. J'étais encore sous le choc de la perte de mon fils, je n'ai pas eu l'impression de vivre un deuil supplémentaire : nous nous connaissions si peu, elle et moi. Mes sœurs ont été là. Puis certaines m'ont reproché ce qu'elles ont fait alors, et jusqu'à leur participation financière aux obsèques. Peut-être attendaient-elles davantage de remerciements de ma part ? Une médaille pour leur dévouement. Je ne les comprends pas toujours très bien, mais je sais que je ne suis pas plus parfaite qu'elles et je leur pardonne toutes leurs maladresses. Qu'on le veuille ou non, les liens de la famille peuvent se distendre, mais ils ne se rompent jamais complètement. Puis il y a la famille que l'on se crée, et les enfants qui la soudent au quotidien, dans les épreuves comme dans les moments de joie. Ils nous rendent forts, mais c'est à nous de leur donner la force de grandir, et de chérir leur souvenir quand ils ne sont plus là.

Pendant ces huit années auprès de notre fils aîné handicapé, Micka et moi sommes devenus adultes. Nous avons progressé, je crois, comme êtres humains. J'espère comme parents aussi. Sullyvan veille sur sa petite sœur qui commence à marcher. Et Nolan, je le sais, veille sur eux deux.

Remerciements

Je remercie mon mari, Mickaël, pour sa présence à mes côtés, ainsi que mes beaux-parents et Magali qui nous ont toujours soutenus.

Merci à Me Florence Rault pour son engagement et sa ténacité.

Merci enfin à Caroline Andrieu qui a su se mettre à ma place en tant que maman.

Table des matières

Cet ouvrage a été mis en pages par

<pixellence>

CET OUVRAGE
A ÉTÉ ACHEVÉ D'IMPRIMER
SUR ROTO-PAGE
PAR L'IMPRIMERIE FLOCH
À MAYENNE EN MARS 2022

N° d'édition : L.01ELKN000840.N001. N° d'impression : 100128
Dépôt légal : avril 2022
Imprimé en France